I can't eat natto!

日本人にありがちな英語の間違い80個

（**その英語、通じません！**第2版）

英会話講師
ティム・ヤング

イラスト
富永好子

Machigai Press

はじめに

「どうして英語が話せないんだろう？」

多くの日本人が、こうした疑問を抱えています。中学、高校とずっと英語を勉強して、さらには大学でも英語を勉強したかもしれませんが、それでもネイティブ・スピーカーとコミュニケーションを図ることができないようです。彼らが外国人に話しかけると、外国人から困惑したような表情が返ってきます。「あぁ、まいった。何かおかしいことを言ったかな？自分の言ったことを理解してもらえなかったのかな？　もしかして、まったく訳のわからないことを言ってしまったんだろうか！」と不安になってしまいます。

なぜ、多くの日本人がこのような疑問や不安を抱えているのでしょうか？日本人が、他の国の人々よりも英語を学ぶ能力が劣っているわけではありません。もっとも大きな原因は、日本の教育システムがコミュニケーションを図るためではなく、試験のために英語を教えているという状況にあります。

私が昔教えていた英会話教室で、教室をやめてしまった高校生がいました。なぜやめるのかとたずねると、彼女は予備校に行かなければならないのだと言ったのです。そして、英語の勉強に集中するつもりであると！英語を学ぶために英会話教室をやめてしまうのは日本人だけです！もちろん、予備校ではそして、ほとんどの中学、高校では「英語」とは会話や発音ではなく、文法や語彙を意味します。コミュニケーションの仕方を学ぶことはありません。

このように、日本の英語教育が試験対策に重点を置いていることが、日本人が英語を話せない原因のひとつです。しかし、さらにひどいのは、日本の学校では間違った英語を教えることがあるということです！（例えば、「clothes」の発音がそうです。）日本人が英語をはなすとき、ほとんど人が同じ間違いをする原因の一つがここにあります。

一方、よくある間違いのもう一つの原因は「直訳」です。何かを英語で表現しようとする時、それが日本語でどのように表せるかに基づいて英語に訳すため、皆が同じように間違った発送をします。例えば、日本語では「電話を切った」と言いますが、英語では「cut the phone」とは言いません！電話をカットするならのこぎりが必要です！

私が日本で英語を教え始めたのは、1989年のことです。しばらくして、私は「皆が同じ間違いをしている！」と気が付きました。じつに多くの生徒たちが、「the another one」や「Let's go with me.」などと言っていました。そして、じつに多くの店が、「CLOSE」と書かれた看板をドアに掲げていました。やがて私は、このようなよくある間違いをリストアップして解説したら、多くの日本人が英語力をのばすのに役立つかもしれないと考えたのです。そこで、それまでに何度も何度も何度も耳にした、これらの間違いのリストアップをスタートさせました。その後、2003年の4月にスタートした「毎日ウィークリー」の「MACHIGAI!!!」という連載のコラムの中で、このリストを紹介する機会に恵まれました。本書は「MACHIGAI!!!」に掲載されたものの中から ８０ のコラムを選んでまとめたものです。もちろん、いつも通り富永好子氏のかわいいイラストも含めています。

このコラムはもともと英語だけで書かれたものでしたが、本書では石本絢子氏と田中亜由美氏の翻訳により、すべての内容を英語と日本語の両方によって掲載しています。また、本書では「Extra Credit!」というコラムと、各項で紹介された英語表現を会話の中でどのように使うかを紹介した「Dialogue」も新たに加えています。さらに文章の終わりには、学んだ内容を確認できるように、英訳の「Quiz」も掲載しました。

この本を楽しみながら、皆さんが英語について多くのことを学んでくださることを願っています。そうすれば、「よくある間違い」が「あまり見かけない間違い」に変わるかもしれません。

ティム・ヤング

この本の使い方

間違いマーク

このユニットで学ぶ表現

マチガエやすい表現

正しい表現

詳しい解説

05

彼女は電話を切った。

✕ She cut the phone.

正しい英訳

〇 She **hung up**.

日本語では、電話接続を終了させることを「電話を切る」と言いますが、英語で「cutting the phone」と言うと電話機を実際に切っているように聞こえてしまいます。英語では「hang up」と言いますが、これは電話機の脇に受話器を掛ける昔の電話で使っていた表現です。

In Japanese, it's natural to say that breaking a telephone connection is "cutting the phone," but if you say this in English, it sounds like the telephone is actually being cut! Instead, we use the term "hang up," which refers to old telephones where the earpiece was hung on the side of the phone.

22

まちがいマーク

言いマチガイやすい表現

文法をマチガエやすい表現

聞き取りマチガエやすい表現

スペルをマチガエやすい表現

発音をマチガエやすい表現

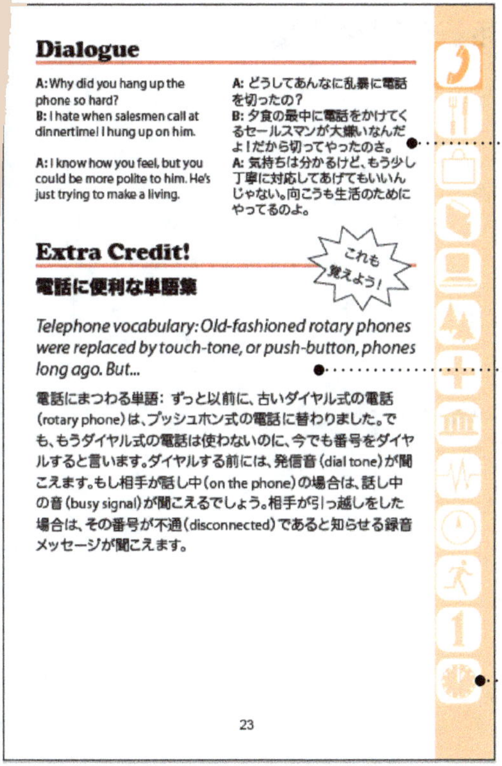

Dialogue

A: Why did you hang up the phone so hard?
B: I hate when salesmen call at dinnertime! I hung up on him.

A: I know how you feel, but you could be more polite to him. He's just trying to make a living.

A: どうしてあんなに乱暴に電話を切ったの？
B: 夕食の最中に電話をかけてくるセールスマンが大嫌いなんだよ！だから切ってやったのさ。
A: 気持ちは分かるけど、もう少し丁寧に対応してあげてもいいんじゃない。向こうも生活のためにやってるのよ。

Extra Credit!

電話に便利な単語集

Telephone vocabulary: Old-fashioned rotary phones were replaced by touch-tone, or push-button, phones long ago. But...

電話にまつわる単語：ずっと以前に、古いダイヤル式の電話(rotary phone)は、プッシュホン式の電話に替わりました。でも、もうダイヤル式の電話は使わないのに、今でも番号をダイヤルすると言います。ダイヤルする前には、発信音(dial tone)が聞こえます。もし相手が話し中(on the phone)の場合は、話し中の音(busy signal)が聞こえるでしょう。相手が引っ越しをした場合は、その番号が不通(disconnected)であると知らせる録音メッセージが聞こえます。

23

まちがいメーター
どれくらいの人がまちがえるかを5段階で表示

Dialogue
このユニットで学んだ表現を使った会話とその日本語訳

Extra Credit!
このユニットで学んだ表現と関連した表現などを学ぼう

インデックス

インデックスのマーク

電話　食事　買い物 ファッション　勉強　仕事　自然　健康

政治　状態　場所　同作　数量　時

Contents

はじめに ... 2

この本の使い方... 4

第1章 日常生活でよくあるヘンな英語

01 どちらですか?
X Who are you? ...14

02 もしもし、お母さん?ティムだよ。
X Hello, Mom? My name is Tim! ...16

03 渡辺さんはいますか?
X Is there Mr. Watanabe? ...18

04 彼は何時頃戻りますか?
X About what time will he come back? ...20

05 彼女は電話を切った。
X She cut the phone. ... 22

06 栗は好きですか?
X Do you like marron? ... 24

07 新メニューがあります!
X We have a new menu! ... 26

08 私は納豆が食べられない。
X I can't eat natto. ... 28

09 (美容院で)髪を切ったの?
X Did you cut your hair? ... 30

10 私は素敵なネクタイを選んだ。
X I choiced a nice necktie. ... 32

11 服が多すぎる!
X I have too many clothes [klouzez]! ... 34

12 クリスマスに、母が私に服を買ってくれた。
X My mother bought my clothes for Christmas. ... 36

13 そのサイクリストがいい(サイクリング)ウェアを見つけました。
X The cyclist found some good wears. ... 38

14 彼はセンスがない。
X He doesn't have any sense. ... 40

15 He's very bright.
X 彼はとても明るいです。... 42

16 どのようなスペルですか?
X What spell? ... 44

17 あなたの文章に、スペルミスを見つけました。
X I found a miss spelling in your writing. ... 46

QUIZ Part 1 ... 48

第2章　使い方間違いで恥をかいちゃう英語

18 私は残業しなければなりません。
X I have to overwork. ... 50

19 その仕事はもう出来ました。
X I could do that job. ... 52

20 上司は、私たちを一晩中働かせた。
X The boss let us work all night. ... 54

21 彼のスタッフの二人に会いました。
X I met two of his staffs. ... 56

22 私は、会社の友達とパーティーしました。
X I had a party with my company's friends. ... 58

23 客が苦情を訴えた。
X Our customer claimed. ... 60

24 Do you have a copy of Mainichi Weekly?
X「毎日ウィークリー」のコピーはありますか。... 62

25 その工場では、ベルトコンベアーを使っている。
X The factory uses a belt conveyor. ... 64

26 猫の鳴き声が聞こえる。
X I hear a cat crying. ... 66

27 犬が吠えている。
X The dog is bowing. ... 68

28 私の犬が死んだ。
X My dog is died. ... 70

29 犬が好きです。
X I like a dog. ... 72

30 鳥が空を飛んでいる。
X The birds are flying in the sky. ... 74

31 雷を見たことある?
X Have you ever seen thunder? ... 76

32 午後7時に会いましょう。それで大丈夫ですか?
X Let's meet at 7 p.m. Are you OK? ... 78

33 私は薬を飲みました。
X I drank some medicine. ... 80

34 医者は患者の足を手術した。
X The doctor operated the patient's foot. ... 82

35 その農夫は、作物に農薬をまいた。
X The farmer put medicine on his crops. ... 84

36 ダイエットのために毎日ランニングをする。
X I go running every day for my diet. ... 86

37 He is running for the Diet.
X 彼はダイエットするために走っている。... 88

38 The prime minister chose a new Cabinet.
X 総理大臣が新しい戸棚を選んだ。... 90

QUIZ Part 2 ... 92

第3章　ネイティブが“?”になる表現

39 本日休業
X CLOSE ... 94

40 俺は凄くうんざりしている。
X I am very boring. ... 96

41 この看板には、「カラオケ禁止」とある。
X The sign is written "No karaoke." ... 98

42 He's a really mean person.
X 彼はとても有能な人です。... 100

43 このイスは、木で作られている。
X This chair is made by wood. ... 102

44 私たちは、みな同じ人類です。
X We're all the same human beings. ... 104

45 東京都知事が、今日の特集で取り上げられています。
X The governor of Tokyo is featured on today's close [klouz]-up. ... 106

46 花粉が飛んでいる。だからくしゃみが出るんだ。
X There is pollen in the air. That's because I'm sneezing. ... 108

47 ここはどこ?
X Where is here? ... 110

48 Hollywood
X 聖なる林 ... 112

49 彼はロサンジェルスに住んでいる。
X He lives in Los Angels. ... 114

50 東京の西部に住んでいる。
X I live west of Tokyo. ... .116

51 ("How was your summer vacation?" と聞かれて)軽井沢に行ったんだ。
X I went to Karuizawa. ... 118

52 ヒューストンでの会議が終わったら、サクラメントに移動します。
X After the meeting in Houston, I will move to Sacramento. ... 120

53 私は地球の平和を願う。
X I wish for a piece of earth. ... 122

54 2006年のワールドカップは、ドイツで開催されました。
X The 2006 World Cup was played in German. ... 124

55 私は泳ぎに行きます。
X I will go to swimming. ... 126

56 みんなで一緒に神社に行こうよ!
X Let's go to the shrine with me! ... 128

57 図書館から本を借りた。
X I rented a book from the library. ... 130

58 お願いですから1万円を貸してくれませんか?
X Could you please borrow me 10,000 yen? ... 132

59 He picked all the apples.
X リンゴを全部拾った。... 134

60 He picked all the apples on his own.
X 彼はすべてのリンゴを自分のために摘み取った。... 136

61 That's my apple! Let go of it!
X 俺のリンゴだ!あっちへ行け!... 138

QUIZ Part 3 ... 140

第4章　どっちが正解？いつもわからなくなる表現

62 あなたの赤ちゃんはとてもかわいい。
X Your baby is very pretty. ... 142

63 These apples are pretty good.
X このリンゴは少しおいしい。... 144

64 彼はほとんどのリンゴを食べた。
X He ate almost of the apples. ... 146

65 I almost spilled the tea.
X お茶をほとんどこぼしてしまった。... 148

66 納豆と豆腐なら、どちらの方が好き？
X Which do you like, natto or tofu? ... 150

67 Are there any apples left?
X 左側にリンゴはありますか。... 152

68 約900人の観客がいる。
X There are about 900 audience. ... 154

69 ここにもう1時間いよう。
X Let's stay here more one hour. ... 156

70 大統領はもう一つの素晴らしいスピーチをした。
X The president gave the another great speech. ... 158

71 私のいとこの一人が会いに来た。
X One of my cousin came to visit. ...160

72 彼は夜中に私に電話した。
X He called me in the midnight. ... 162

73 再来週に戻ります。
X I'll come back next next week. ... 164

74 Please finish this by next Friday.
X 次の金曜日までに終わらせてください。...166

75 今朝、台風が直撃した。
X A typhoon hit in this morning. ... 168

76 どれくらいこの会社で働いていますか?
X How long do you work at this company? ... 170

77 私は2週間の休暇をとります。
X I'm going on a two weeks vacation. ... 172

78 私は以前にも京都に行ったことがあります。
X I have ever been to Kyoto. ... 174

79 納豆を食べるのはこれが初めてです。
X This is the first time to eat natto. ... 176

80 He left for good.
X 彼は良い所に行った。... 178

QUIZ Part 4 ... 180

QUIZ の答え ... 181

第1章
日常生活でよくあるヘンな英語

「どちらさまですか？」、「彼はいつ戻りますか？」、「彼は突然、電話を切った」、「服が多すぎる！」、「髪を切ったの？」、などマチガイ度の高い表現をまずマスターしよう。

電話… p. 14

食事… p. 24

買い物・ファッション… p. 30

勉強…. p. 42

01

どちらですか？

✕ Who are you?

正しい英訳

○ Who is this?/Who is calling?

「Who are you?」は、ちょっと乱暴な印象を与えます。また、これは普通、あなたの目の前にいる相手が誰だか分からない場合に使われるので、電話ではさらに不自然。「Who is this?」は、相手の姿が見えないうえ、その人があなたの知人かどうか分からないという前提があります。目の前にいる相手と話していて、その人が誰だか分からない場合は、「What is your name?」と言う方は丁寧です。

"Who are you?" sounds a bit rude. On the phone it also sounds strange, because it would normally be used toward someone we can see but do not recognize. "Who is this?" implies that you cannot see the other speaker, and do not know if that person is someone you know. If you can see the person you're speaking to and do not recognize him or her, it's more polite to say: "What is your name?"

Dialogues

A: Hello, may I speak to Bob Smith?
B: Speaking. Who's this, please?
A: Oh, my name is Joe Murphy. I work on the fourth floor. I found your wallet in the men's room up here.
B: My wallet? Wow, I didn't even realize I'd lost it. I was on your floor for a meeting earlier today, so I must have lost it then. I can come upstairs and get it from you.
A: No, that's OK. I'll drop it off when I go down for lunch.
B: Super. Thanks a lot.

A: もしもし。ボブ・スミスさんとお話ししたいのですが…
B: 私です。どちらさまですか？
A: ああ、私はジョー・マーフィーというもので、4階で働いています。こちらの男子トイレであなたの財布を見つけました。
B: 私の財布ですか？ああ、なくしたことさえ気付いてませんでした。今日、会議でそちらの行ったのですが、その時になくしたのでしょう。そちらへ取りに上がります。
A: いえ、大丈夫です。ランチに下へ降りる時に寄ってお渡しします。
B: たすかります。本当にありがとうございます。

C: Hello, is Mr. Watanabe there?
D: I'm sorry, he stepped out for a moment. Is this Fred?
C: Yes. Is there any chalk? I can buy some if we need it.
D: We're almost out. Please buy some.

C: もしもし。渡辺さんはいますか？
D: すみません、彼は席をちょっと外しています。フレッドかい？
C: そうだよ。チョークはある？もし必要なら買っていくけど。
D: もう少しでなくなりそうだ。買ってきてもらえるかな？

02

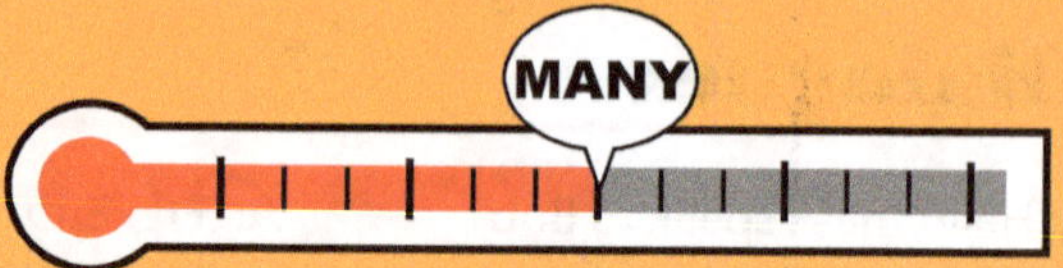

もしもし、お母さん？
ティムだよ。

✕ Hello, Mom? My name is Tim!

正しい英訳

○ Hello, Mom? This is Tim.

多くの日本人は電話をしてきてこのように名乗ります。初めて話す相手に対して言うのなら間違いではありませんが、すでに知っている相手に対して言うのは不自然。ましてや、家族には決してこんな言い方はしません。知っている人に対して話す時は、「This is…」を使いましょう。

Japanese have introduced themselves to me on the phone this way. It's not a mistake if you are speaking to someone for the first time, but if the person knows you already, it sounds strange. So you would never say it to a close family member! When speaking to someone you know, say "This is..."

Dialog

J: Hello?
B: Hello, Judy? This is Barb.
J: Oh, hi, Barb.
B: Hey, Kate and Don broke up!
J: No way! What happened?
B: He just called her up and said, "Kate, this is Don. Let's break up."
J: Maybe he already had someone new?
B: Actually, he found out that **she** did!

J: もしもし？
B: もしもし？ジュディ？バーブよ。
J: ああ、こんにちは、バーブ。
B: ねぇ、ケイトとドンが別れたって！
J: ウソでしょう！何があったの？
B: ドンが彼女に電話して、「ケイト、ドンだけど。別れよう」って言ったの！
J: 彼に誰か新しい人が出来たとか？
B: 実はね、ケイトに(新しい人が)できたって気づいたのよ！

Extra Credit

これも覚えよう！

電話での自己紹介を覚えよう

"This is" is fine in a business context as well.

「This is」は、ビジネスで使っても構いません。知らない相手に対して話しているとしても、あなたの会社が相手の会社とすでに付き合いがあるのなら、「This is」を使うことができます。その例を挙げましょう。

"This is Tim Young at Kokusai Chemicals. May I speak to Kentaro Kato, please?"
「国際科学のティム・ヤングです。加藤健太郎さんはいらっしゃいますか？」

ちなみに英語では、「いつもお世話になります」のような表現を使うことはありません。

03

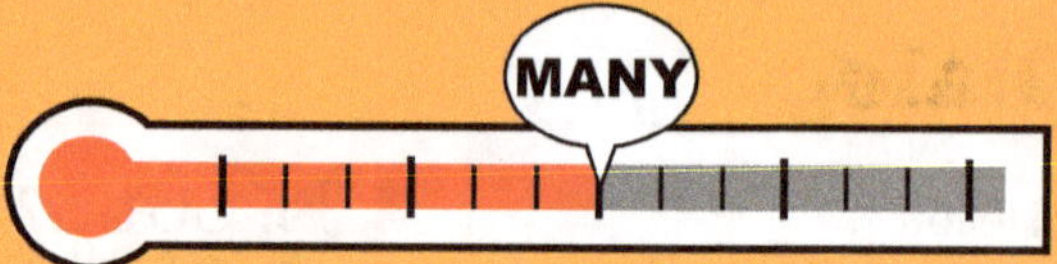

渡辺さんはいますか?

✕ Is there Mr. Watanabe?

正しい英訳

○ Is Mr. Watanabe there?

「Is there...?」はふつう、「〜はありますか」を意味します。ただし、例文の質問では、「there」の位置によって意味が変わってしまいます。「Is there Mr.Watanabe?」とすると、渡辺さんがあなたと電話で話せるかどうかをたずねるのではなく、渡辺さんの在庫があるかどうかを確認することになってしまいます。まるで渡辺さんが物で、しかも「砂糖」や「小麦粉」のような数えられない名詞(不可算名詞)であるように聞こえてしまうのです。

"Is there" generally means「ありますか」. The position of "there" in the above question has changed the meaning: instead of asking whether Mr. Watanabe is available to speak on the phone with you now, "Is there Mr. Watanabe?"

asks whether a supply of Mr. Watanabe exists or not. It sounds as if Mr. Watanabe is a thing, and in fact, an uncountable noun, like "sugar" or "flour"!

Extra Credit

これも覚えよう！

誰かに電話する時は……

If you are unfamiliar with Mr. Watanabe, and you are uncertain whether he is at the place that you are calling….

あなたが渡辺さんのことをよく知らず、あなたが電話をした先に彼がいるのか不確かな場合は、「Is there a Mr. Watanabe at this number?」（この番号に渡辺さんという方はいますか？）と聞くことができます。「a」が付いているので、渡辺さん不可算名詞のように聞こえることはありません。また、「I'm calling for a Mr. Watanabe. Is this the right number?」（渡辺さんという方に電話をかけています。この番号でよろしいでしょうか？）と聞いてもよいでしょう。もしあなたが渡辺さんを訪ねて、場所が合っているかどうか不安な場合は、「Is there a Mr.Watanabe here?」（こちらに渡辺さんという方はいますか？）と聞くことができます。

04

文法
S✗O

MOST

オフィスに電話をかけたが、話したい相手が不在だった。
You have called someone at their office, but the person you called is not in.

彼は何時頃戻りますか？

✕ About what time will he come back?

What time will he come back ?

正しい英訳

○ About what time will he be back?

この質問をすると、不自然に聞こえます。ある場所に「come」（来る）と言った場合には、話し手がいる場所に来ることを意味します。反対に「go」(行く) は、話し手と聞き手の両方から離れた場所に行く場合に使います。ですからこの状況では通常、「come」や「go」ではなく「be」を使います。

If you ask the above question, it will sound strange. When you say "come" to a place, it must be the place where you are. But if you say "go", it should be away from you and from the person who you are speaking to. So we usually avoid both "come" and "go", and instead use "be".

Dialogues

A: Hello?
B: Hello, Janet, this is Al Myers calling.
A: Oh, hello, Al. How are you?

B: I'm doing fine, and yourself?
A: Just fine.
B: Could I speak to Tim, please?
A: I'm sorry, he's out of the house at the moment. Can I have him call you?
B: Well, when do you think he'll be back?
A: Oh, probably by 5:00.
B: Then I'll just call back around then. Thanks!
A: No problem. Take care, Al.

B: Bye.

C: Accounting. Ed Jones speaking.

D: This is Cheryl Winton. Jan Phillips, please.

C: I'm sorry, she's stepped out. May I take a message?

D: Please tell her I'll be about twenty minutes late for our meeting.
C: OK, I'll give her the message.

A: もしもし
B: もしもし。ジャネットさん、アル・マイヤーズだ。
A: ああ、こんにちは。アルさん。元気？
B: 元気だよ。あなたは？
A: 元気よ。
B: ティムさんはいる？
A: ごめんなさい、今、外に出ているの。電話をかけさせましょうか？
B: う〜ん、いつ戻るか分かる？

A: そう、多分5時にはね。
B: それじゃ、その頃かけ直すよ。ありがとう。
A: わかったわ。じゃあね、アルさん。
B: またね。

C: 経理課のエド・ジョーンズですが。
D: シェリル・ウィントンですが、ジャン・フィリップスさんをお願いします。
C: すみません。ちょっと席を外しています。伝言をお預かりしましょうか？
D: 私が約束の時間に20分ほど遅れそうだとお伝えいただけますか？
C: 分かりました。伝えておきます。

05

彼女は電話を切った。

✕ She cut the phone.

正しい英訳

○ She hung up.

日本語では、電話接続を終了させることを「電話を切る」と言いますが、英語で「cutting the phone」と言うと電話機を実際に切っているように聞こえてしまいます。英語では「hang up」と言いますが、これは電話機の脇に受話器を掛ける昔の電話で使っていた表現です。

In Japanese, it's natural to say that breaking a telephone connection is "cutting the phone," but if you say this in English, it sounds like the telephone is actually being cut! Instead, we use the term "hang up", which refers to old telephones where the earpiece was hung on the side of the phone.

Dialogue

A: Why did you hang up the phone so hard?
B: I hate when salesmen call at dinnertime! I hung up on him.

A: I know how you feel, but you could be more polite to him. He's just trying to make a living.

A: どうしてあんなに乱暴に電話を切ったの？
B: 夕食の最中に電話をかけてくるセールスマンが大嫌いなんだよ！だから切ってやったのさ。
A: 気持ちは分かるけど、もう少し丁寧に対応してあげてもいいんじゃない。向こうも生活のためにやってるのよ。

Extra Credit!

これも覚えよう！

電話に便利な単語集

Telephone vocabulary: Old-fashioned rotary phones were replaced by touch-tone, or push-button, phones long ago. But...

電話にまつわる単語：ずっと以前に、古いダイヤル式の電話(rotary phone)は、プッシュホン式の電話に替わりました。でも、もうダイヤル式の電話は使わないのに、今でも番号をダイヤルすると言います。ダイヤルする前には、発信音(dial tone)が聞こえます。もし相手が話し中(on the phone)の場合は、話し中の音(busy signal)が聞こえるでしょう。相手が引っ越しをした場合は、その番号が不通(disconnected)であると知らせる録音メッセージが聞こえます。

06 

栗は好きですか？

✕ Do you like marron?

正しい英訳

○ Do you like chestnuts?

ほとんどの英語のネイティブスピーカーは「marron」という単語をよく知りません。「melon」と言ったと勘違いするかも知れません。

「marron」はフランス語です。その英語にあたるのは「chestnut」。可算名詞であることにも注意です。

Most native English speakers are not familiar with the word "marron". They might think that you said "melon"!

"Marron" is a French word; the English equivalent is "chestnut". Also, please note, it's a countable noun.

Dialogue

A: Would you like a marron?
B: Yes, I like melon. I can't eat a whole one, though.
A: Why not? A marron is really small!
B: Huh? "Marron"? I thought you said "melon". What's a "marron"?

A: This is a marron.
B: I don't know that word. We call this a "chestnut."

A: マロン食べる？
B: ああ、メロン好きなんだ。でも、丸ごと1個は食べられないな。
A: なぜ？マロンはすごく小さいじゃない！
B: え？「マロン」？「メロン」って言ったと思ったよ。「マロン」って何のこと？
A: これがマロンよ。
B: そんな単語、知らないなぁ。英語では「chestnut」って言うんだよ。

Extra Credit!

これも覚えよう！

フランス語であって、英語ではない単語

他にも、日本語として使われているフランス語の中で、英語と勘違いされがちなものがいくつかあります：

ピエロ Pierrot（キャラクターの名前）
英語では「clown」

アンケート enquête
英語では「inquiry」または「questionnaire」

アベック avec
日本語の「アベック」の英語に翻訳するならば、「lovers」または「acouple」と言います。フランス語で「avec」は、たいてい「with」という意味で使われます。

07

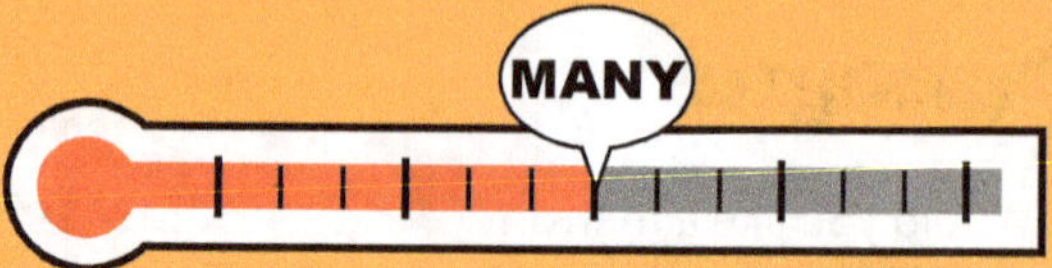

新メニュー(バナナカレー)があります！

✕ We have a new menu!

正しい英訳

○ Try our new banana curry!

日本語でも英語でも、「menu」（メニュー）は、レストランで注文できる食べ物や飲み物がすべて書かれたリストのことです。また、そのリストが印刷された小冊子のことも「menu」と呼びます。ただ、日本語の「メニュー」は料理名やメニュー項目を指すこともありますが、英語の「menu」はそのようには使われません。当然、「新しいメニュー項目があります」などと言うよりも、レストランでは通常料理名を具体的に紹介するでしょう。

In both Japanese and English, a "menu" (or「メニュー」) is the entire list of food and beverages that you can order at that restaurant. The "menu" can also be the pamphlet that the list is printed on. However, while the Japanese word「メニュー」can also refer to a single dish, or menu item, the English word "menu" cannot be used in this way. Of course, rather than saying "We have a new menu item!", a restaurant will usually announce the item by name.

Dialogue

W: Are you ready to order, sir?
C: I've been looking at the menu, but it's hard to decide. Do you have any suggestions?
W: Perhaps you'd like to try our new fish sandwich? We have a special low price on it this week.

C: OK, I'll try that, and the drink bar. Do you need the menu back?

W: No, you can keep it at your table.
C: Thanks.

W: ご注文はお決まりですか？
C: メニューを見ているのですが、なかなか決められません。おすすめはありますか？
W: 当店新メニューのフィッシュ・サンドはいかがでしょうか？今週は特別に低価格でご提供しております。
C: わかりました。では、それとドリンクバーにします、メニューは返した方がいいですか？
W: いいえ、そのままお持ちいただいて結構です。
C: ありがとう。

Extra Credit!

これも覚えよう！

表示に見える英語

I saw a sign reading "How about this menu?" in a Japanese McDonald's near an American military base.

私は、米軍基地の近くにある日本のマクドナルドで「How about this menu?」（このメニューはどうですか？）と書いてある表示を見かけました。この場合、「Would you like to try...」（～はいかがですか？）と書くよりも、「Try our new banana curry!」（新商品のバナナカレーをおためしください！）と書いた方がよかったでしょう。もちろん、マクドナルドがバナナカレーを販売するとは思えないけれど。ファースト・キッチンなら販売するかも。

08 

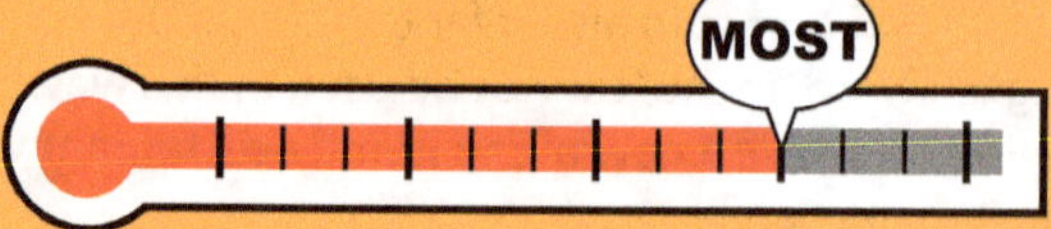

私は納豆が**食べられない**。

✕ I can't eat natto.

正しい英訳

○ I **don't like** natto.

日本語を直訳すると「can't eat」(食べられない)ですが、意味は「don't like」(好きではない)ですよね。ところが英語では「can't」は「can't」――物理的に不可能という意味なのです！もし何かについて「can't eat」(食べられない)と言った場合、周りの人はあなたが本当はその食べ物を好きかもしれないのに、アレルギーだったり、食べるとお腹を下してしまうからだろうと想像するでしょう。あるいは、ハンカチで口を覆われているとか。

Although the literal meaning of the Japanese is "can't eat," the intended meaning is "don't like." In English, "can't" means "can't -- in other words, it's physically impossible! If you say that you "can't eat" something, people will assume that, although you may actually like the food, you are allergic to it or it upsets your stomach. Or that you have a handkerchief over your mouth.

Dialogue

A: Would you like some peanuts?
B: No thanks. I can't eat peanuts. I'm allergic to them.

A: ピーナッツはいる？
B: いや、ありがとう。僕はピーナッツが食べられないんだ。アレルギーなんでね。

A: That's too bad. Peanuts are good for you.
B: They're not good for me. They make me very sick.
A: Would you like some cashews, then?
B: No thanks. I don't like cashews.

A: それは残念だね。ピーナッツは体にいいのに。
B: 僕にとってはよくないんだよ。気分が悪くなってしまうんだ。
A: じゃあ、カシューナッツはいる？
B: いや、結構だよ。カシューナッツは好きじゃないんだ。

A: Are you allergic to them?
B: No, I just don't like them. Since I'm allergic to peanuts, eating any kind of nuts makes me nervous.

A: アレルギーなのかい？
B: いや、ただ好きじゃないだけなんだ。ピーナッツにアレルギーがあるせいで、他の種類のナッツもなんだか食べる気がしないんだ。

A: How about some grapes, then?
B: Yes, that sounds good. I love grapes!

A: じゃあ、ブドウはどう？
B: ああ、いいね。ブドウは大好きだよ。

09

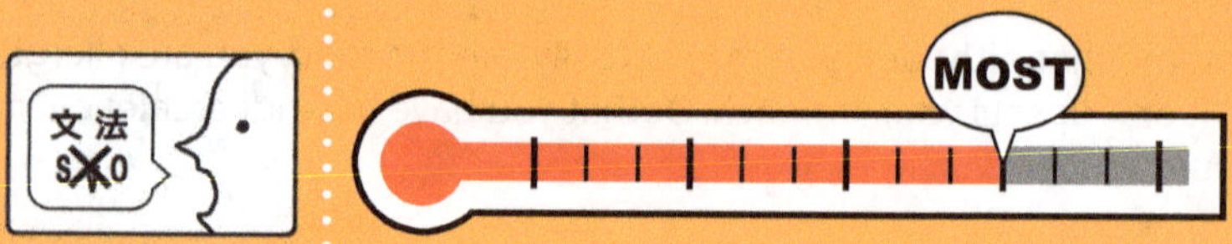
文法
S✗O
MOST

（美容院で）髪を切ったの？

✕ Did you cut your hair?

Did you cut your hair?
SNIP
SNIP

正しい英訳

○ Did you have your hair cut (by a barber)?

例文の質問は、直訳すると「自分で自分の髪を切ったの？」という意味になってしまいます。多くの人は、「いや、理容師／美容師さんが切ったんだよ！」と答えるでしょう。ネイティブスピーカーの中にも「Did you cut your hair?」と言う人はいるかもしれませんが、やはり誤解されてしまったり、周りのネイティブスピーカーには奇妙に聞こえたりするでしょう。ですから、こういう言い方はしない方がよいでしょうー一相手が本当に自分で髪を切ったのだろうと考えられる場合以外は。

This question literally means, "Did you cut your hair by yourself?" Most people would answer, "No, the barber/hairdresser did!" Some native speakers may say "Did you cut your hair?" but it could still be misunderstood or sound strange to other native speakers, so it's better not to use it -- unless you really think that someone has cut his or her own hair.

Dialogue

A: Did you get a haircut?
B: No, I just cut my bangs myself. I hope I cut them straight.

A: They look fine.

A: 髪を切りに行ったの？
B: ううん。自分で前髪を切っただけ。まっすぐ切れてるといいんだけど。
A: 大丈夫だよ。

Extra Credit

これも覚えよう！

散髪に行く

As one word, "haircut" is a noun

「haircut」と一語にすると、名詞になります。「Did you get a haircut?」「散髪してもらったの？」散髪のように、誰かに頼んで何かをしてもらう場合ーーつまり、誰かに何かをしてもらう場合ーーは、正しい例文にあるように、「have＋目的語＋過去分詞形」の構文を使いましょう。別の例を紹介します。

I went to the salon and had my hair done.
美容院に行って、髪を切ってもらった。

I'll have my suit cleaned tomorrow (by the dry cleaner).
スーツを（クリーニング屋さんに）クリーニングしてもらおう。

I just had an air conditioner installed.
エアコンを取り付けてもらったばかりだ。

10

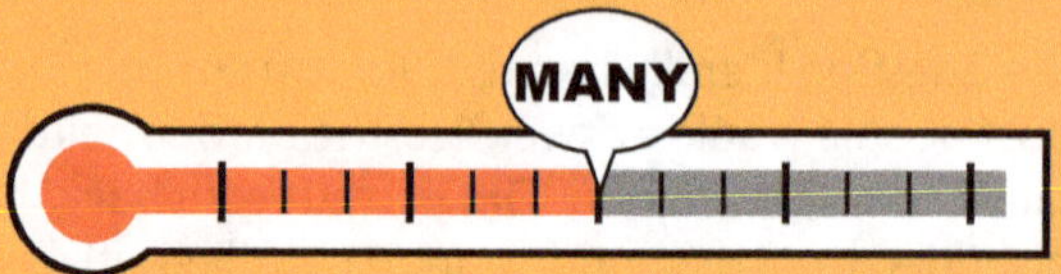

私は素敵なネクタイを選んだ。

✕ I choiced a nice necktie.

正しい英訳

○ I chose a nice necktie.

Many students have trouble with the past form of "choose":
生徒たちの多くは、chooseという動詞の過去形で苦労しています。

- 現在形: choose
- 過去形: chose
- 過去分詞形: chosen
- 名詞: choice

Dialogue

A: What did you choose from the staff dinner menu, chicken or beef?
B: I chose the chicken.
A: That was probably a good choice. Beef is higher in fat.

B: True, although I think they serve pretty choice cuts of beef. But I like the chicken they serve with teriyaki sauce.
A: I wish they'd had a vegetarian dish. I might have chosen that if they'd had one.

A: スタッフ用の夕食は何を選んだの？チキン、それともビーフ？

B: チキンを選んだよ。
A: それは多分いい選択だったと思うよ。ビーフの方が脂肪分が多いからね。
B: 確かにね、でもあの店はなかなか上等なビーフを出すと思うけど。でも僕は、あの店のチキンのテリヤキソースが好きなんだ。
A: ベジタリアン向けの料理もあったらいいのに。もしあれば、僕はそれを選んだだろうな。

Extra Credit

これも覚えよう！

もう一つの「choice」

"Choice" can also be used as an adjective, meaning "the best" or "carefully selected."

「choice」は、「最高の」や「慎重に選ばれた」を意味する形容詞としても使われます。例えば「This is a choice cut of beef.」「これは、最高級の牛肉だ」と言った具合です。また、「He uttered some choice words.」は、ちょっと面白い表現。実はこれ、「彼は憤り、乱暴な言葉を使った！」という意味になるのです。

11

言い

ALL

服が多すぎる！

✕ I have too many clothes [klouzez]!

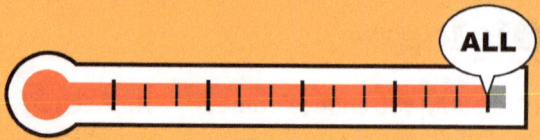

正しい英訳

○ I have too many clothes [klohz, klohthz]!

長い間日本で英語を教えてきて、これが一番良く聞く間違いであると確信しています。重要なのは「clothes」の「e」は発音されないということ。「clothes」は単数形のない複数形だと考えられます。「much」ではなく、「many」とともに使うので可算名詞ですが、「one clothe, two clothes」とは言いません。

「th」は発音してもしなくても構わないのですが、「close」(閉じる) と同じように読めば、正しい発音です。「close the door to your clothes closet.」(衣類用クローゼットのドアを閉める) と覚えましょう。

I'm quite certain that this is the mistake I've heard most often, in all my years of teaching English in Japan! The key point is that the "e" in "clothes" is silent. You can think of "clothes" as a plural form with no singular. It is countable, because we use "many" with it and not "much", but we never say "one clothe, two clothes."

You can correctly pronounce this word whether or not you say the "th". If you pronounce it the same as "close" (閉じる), that's fine. Think of "close the door to your clothes closet."

Dialogue

A: How do you like these clothes?
B: They're very nice. Are they new?
A: Yes, I just got them today. The store is having a sale, and today is the last day!
B: Wow, I'd better get to the store before it closes.

A: この服どうかしら?
B: すごくいいわね。新品なの?
A: そう、今日買ったばかりなの!お店はセール中で、今日が最終日なのよ!
B: わぁ、閉まる前に店に行かなくちゃ!

Extra Credit

これも覚えよう!

「clothes」は名詞で、「clothe」は動詞

"Clothes" is a noun, but "clothe" is a verb.

「clothe」は動詞としてのみ使われ、単数形の名詞として使われることはありません(I put on a clothe.／私は服を一枚着た、とは言わないのです)。「clothes」はもちろん(名詞の)複数形です(1着でも「clothes」と言います)。
上記のとおり、「clothe」の最後の「e」は、発音しません。英語では、発音しない「e」で終わる名詞の複数形の発音は決まっていません。例えば「house」(家)の場合は「e」を発音しますが、「canes」(杖)では発音しません。「clothes」の場合も、"e"は発音しないのです。

12

文法 SVO

ALL

クリスマスに、母が私に服を買ってくれた。

✕ **My mother bought my clothes for Christmas.**

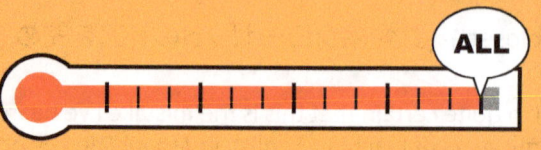

正しい英訳

○ **My mother bought me clothes for Christmas.**

あなたが自分のために買う服も、実際に買うまではあなたのものではありません。これと同じように、誰かが買ってあなたにプレゼントするものも、あなたが受け取るまであなたのものではないのです。「彼女が私の服を買った」は、彼女があなたから服を買った場合にしか使えません。あなたは自分の服を母親に売っているのですか？

Clothes that you buy for yourself are not yours until you actually buy them. Likewise, clothes that someone else buys to give you are not yours until you receive them. "She bought my clothes" would be used only if she bought clothes from you. Are you selling your clothes to your mother?

Dialogue

A: I'm going to the stationery store. Do you need anything?
B: Yeah, Mom, could you please get me some pencils for school?
A: Sure.
B: Get me the Hello Kitty ones, if they have them.

A: 文房具店に行ってくるわ。何かいるものはある？
B: うん、ママ、学校で使う鉛筆を買ってきてくれない？
A: わかったわ。
B: ハローキティのを買ってきて、もしあれば。

Extra Credit

これも覚えよう！

僕に服を買ってくれた

"My mother bought me clothes" is very conversational.

「My mother bought me clothes.」は、とても口語的です。「My mother bought clothes for me for Christmas.」　と言うこともできますが、「for me for」というのは少々長い感じがします。この場合、間接目的語(me)を動詞(bought)のすぐ後に持って来れば、前置詞(for)は必要ありません。

別の例をご紹介します。（私は母親にプレゼントをあげた）

I gave a present to my mother.

I gave my mother a present.

この場合も、後の文では、前置詞「to」が必要なくなります。

13

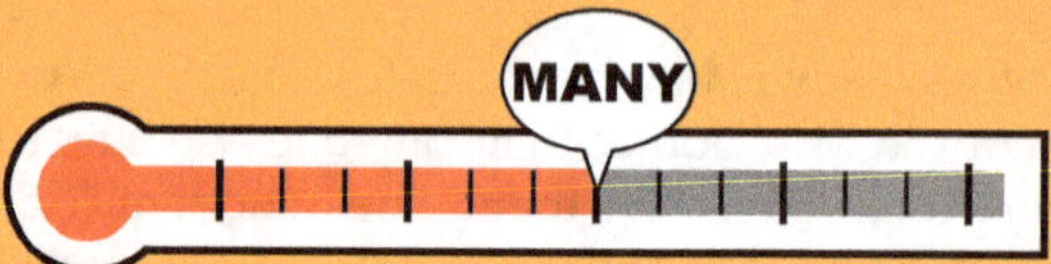

そのサイクリストがいい(サイクリング)ウェアを見つけました。

× The cyclist found some good wears.

正しい英訳

○ The cyclist found some good cycling wear.

名詞の「wear」は、「swimwear」(水着) や「sportswear」(スポーツウェア) のように複合語の中で使われ、これらは不可算名詞です。日本語ではこれを「ウェア」と短縮しているようですが、英語では不自然。「wear」だけでは可算/不可算かかわらず通常名詞として使われることはありません。「wears」と聞くと、「wares」(商品) のことかと思ってしまいそうです。

"Wear" as a noun is used in compounds such as "swimwear" or "sportswear". These are uncountable nouns. It seems that Japanese will shorten these words to "wear" in Japanese, but it's strange in English; "wear" by itself is usually not used as a noun, either countable or uncountable. If you say "wears", we might think you mean "wares" (商品).

Dialogue

A: I bought a new dress today.
B: Really? Have you tried it on?
A: Yes, at the store. I was looking for something to wear to the party tomorrow and this was just perfect. I can't wait to put it on again!
B: That store has really nice clothes. I like to shop in their sportswear section.

A: And the clothes are well-made. They don't wear out too quickly.

A: 今日、新しいドレスを買ったの。
B: 本当？着てみた？
A: うん、店でね。明日のパーティーに着ていくものを探していたんだけど、これはまさにパーフェクトだったの。明日着るのが待ち切れないわ！
B: あのお店には本当にいい服があるわね。私はあそこのスポーツウェアのコーナーで買い物するのが好き。
A: それに、服の品質もいいし。すぐに傷んでしまうこともないしね。

Extra Credit!

これも覚えよう!

「wear」の持つ別の意味

"Wear" has other meanings, too. If something is used a lot, it will "wear out."

「wear」には別の意味もあります。何度もくり返し使われた物は、「wear out」(くたびれる)と言います。例えば、古くなった衣類には穴が開いているかもしれませんし、タイヤの溝はすり減ってしまっているかもしれません。「wear」はまた、名詞でもあります。「The tires have had a lot of wear.」——これは、「(タイヤが)すり減って、もはや良い状態ではない」という意味です。

14

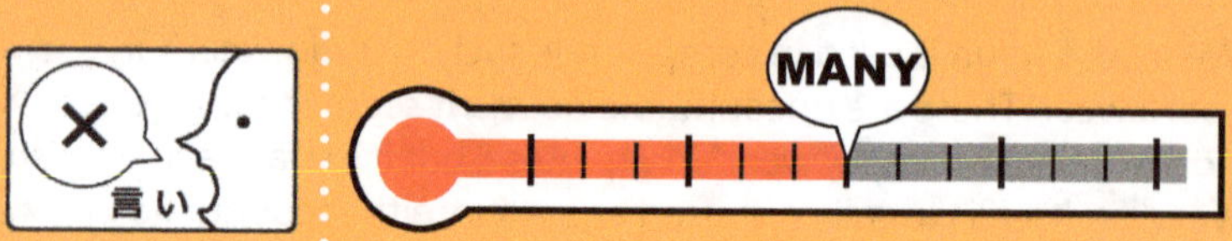

彼はセンスがない。

✕ He doesn't have any sense.

正しい英訳

○ He doesn't have any taste.

日本語で「センス」と言うと、通常英語での「taste」(美的センス)、「fashion sense」(ファッションセンス)、「sense of humor」(ユーモアのセンス)などを指しますが、英語では「sense」だけでは「良識」に近く「good sense(分別)」「common sense(常識)」と言っても良いでしょう。ですから「sense がない」と言うと「頭があまり良くない」との意味に聞こえてしまいます。

In Japanese,「センス」usually means what we call "taste", "fashion sense", or "sense of humor". But in English, "sense" by itself is closer to「良識」, also known as "good sense" or "common sense". So if you say someone doesn't have any sense, it sounds like you think that he or she is a bit stupid!

Dialogue

A: How do you like my new outfit?
B: It looks great! You have such good fashion sense.
A: Thanks. Well, I'm going out with some friends. See you later.
B: Don't walk down any dark alleys, now.
A: Of course not, Mom. That's just good sense.
B: Of course. I know you're a sensible girl.

A: この新しい服、どう？
B: 素敵ね！あなたは本当にセンスがいいわ。
A: ありがとう。さてと、友達と遊んでくるわ。行ってきます。
B: 暗い道を歩いちゃだめよ。
A: もちろんしないわよ、ママ。そんなの当たり前だわ。
B: そうよね。あなたが賢い子だってことは分かってるわ。

Extra Credit!

これも覚えよう！

「センス」が悪い

You might also have mistaken "good sense" to mean 「センスがいい」.

もしかしたら、「good sense」を「センスがいい」と勘違いしている人もいるかもしれません。日本語でセンスはファッションセンスや知覚、感覚全般のセンスを指します。（あるいは、涼しくなるために、手で仰ぐうちわ、すなわち「扇子」を使うのが好きだという意味になるかもしれませんね！）

He's very bright.

✕ 彼はとても明るいです。

正しい和訳

○ 彼はとても賢いです。

「bright」（明るい）に込められた意味は、英語と日本語で異なります。日本語では、「明るい人」とは快活は人を指しますが、英語で「bright person」と言うと、賢い人や知性あふれる人を指すのです。ですから、もし誰かがあなたのことを「bright」と言ったなら、それはあなたが思っている意味ではなく、あなたの知性に対する褒め言葉なのです！

The figurative meanings of "bright" in English and Japanese are different. In Japanese, a "bright" person is cheerful, but in English, a "bright" person is smart or intelligent. So if someone tells you you're "bright," it's a compliment, but different from what you might think!

Dialogue

A: I hear your grandson is very bright.
B: Oh, yes. He won a spelling bee and a chess championship at school.
A: What kind of boy is he?
B: He's very cheerful and talkative, really fun to be around.

A: あなたのお孫さんはとても賢いんですってね。
B: ああ、そうさ。学校の綴りのコンテストとチェスの大会で優勝したんだ。
A: どんな性格なの？
B: とても明るくて話し好きで、一緒にいてとっても楽しいよ。

Extra Credit!

これも覚えよう！

「cheery」と「chipper」

How else can we say "cheerful" in English?

英語で「陽気な」を表すには、他にどんな言い方があるでしょうか？心が軽やかで、重苦しくないという意味を表す「lighthearted」を使ってもよいでしょう。他に「cheery」や「chipper」、「sunny」とも表現できます。身振りが大きく、エネルギッシュに話すひとは「animated（いきいきとした）speaker」と言います。もちろん、いきいきと話す人は、たいてい「bright」（賢い）人ですよね！

16

どのようなスペルですか？

✕ What spell?

正しい英訳

○ How do you spell it?

この間違いにはいつも驚かされています——英語を学ぶには欠かせない基本的な質問であるにもかかわらず、多くの生徒たちが、英語で正しくたずねる方法を知らないのですから。他に、「What is the spelling of this word?」（この単語のスペルはなんですか？）や「How do you spell 'apple'?」（「apple」はどのようなスペルですか？）と言うこともできます。

It's always amazed me; this is such a basic question that's needed for studying English, but so many students don't know how to ask it correctly in English! Also OK: "What is the spelling of this word?" "How do you spell 'apple'?"

Dialogue

A: Billy, how do you spell "completely"?
B: K-O-M-P-L-E-E-T-L-Y.

A: That's not correct.
B: Maybe that's not correct, but you asked how ***I*** spell it!

A: You know what I mean. Another remark like that, young man, and you're staying after school!
B: Sorry, ma'am.

A: ビリー、「completely」の綴りは何？
B: 「K-O-M-P-L-E-E-T-L-Y」です。
A: 違うわね。
B: 違うかもしれませんが、**僕が**どう綴るのかを聞いたじゃありませんか！
A: 私がたずねた意味は分かるはずよ。あなたね、もう一度そんな口をきいたら、放課後居残りよ！
B: すみません、先生。

Extra Credit!

これも覚えよう！

彼は魔法をかけられた

"Spell" has two other meanings, as a noun.

「spell」は名詞としても使われ、例文の他に次の2つの意味があります。

- 魔法の言葉（呪文）、または魔法にかかった状態：
  The witch casts a spell that turns a prince into a frog.
  魔女は呪文を唱え、王子の姿をカエルに変えた。

- 一定の時間の長さ：
  Last week, we had a spell of bad weather.
  先週はずっと、天気が悪かったよ。

以上の3つの「spell」は、いずれもまったく別の単語ですが、たまたまスペルも発音も同じなのです！

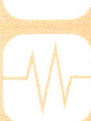

17

あなたの文章に、スペルミスを見つけました。

✕ I found a miss spelling in your writing.

正しい英訳

○ I found a misspelling in your writing.

彼女は魅力的ですか？デートに誘ったのでしょうか？
多くの日本人が「スペルミスをする」という単語のスペルミスをしているのは、本当に面白いですね！これは一つの単語で、「spelling」に、誤りを表す接頭辞「mis-」が付いたものです。「Spelling」という名字は実際にあるので、誤解されてしまうかもしれませんよ！

Is she attractive? Did you ask her for a date?
It's really funny that so many Japanese are misspelling the word "misspelling"! It is one word, made up of "mis-," a prefix showing

incorrectness, and "spelling." "Spelling" really is a family name, so you could be misunderstood!

Dialogue

A: I can't believe how many misspellings there are in this magazine. So many typographical errors.	**A:** この雑誌にこんなに綴りの間違いがあるなんて、信じられない！ミスプリントばっかりだ！
B: They need a better proofreader. A professionally-produced magazine shouldn't have so many typos.	**B:** 優秀な校正者が必要だね。プロの手で作られた雑誌にこんな誤植があっちゃいけないよ。
A: I wonder if they're really typos? Maybe they just don't know how to spell!	**A:** 本当に誤植かな？もしかしたら正しい綴りを知らないのかもしれないよ！
B: Either way, someone should be checking it! What's the editor's name?	**B:** どちらにしても、誰かがチェックをするべきだね！編集者は何て名前？
A: Let me look... oh my gosh!	**A:** どれどれ…なんてこった！
B: What?	**B:** どうしたの？
A: Can you believe it? His last name is "Spelling"!	**A:** 信じられるかい？編集者の名字は「スペリング」だってさ！

Extra Credit!

これも覚えよう！

綴りを直そう！

同じことを表現する別の言い方には、

This word is spelled wrong.
この単語は誤ったスペルで書かれています。

I found a spelling mistake.
スペルミスを見つけました。

You spelled 'misspelling' wrong.
「misspelling」という単語のスペルが間違っています。

などがあります。

QUIZ Part 1

以下の日本語を英語にしてみましょう！(答えは181ページにあります)

1. 納豆は体にいいけど、僕は食べられない。

ヒント「食べられない」＝「好きじゃない」ということ。

2. もしもし、佐藤です。鈴木さんはいらっしゃいますか。

ヒント　「there」の使い方を思い出してみよう。

3.「誰ですか」と聞いたら、すぐに電話を切られてしまった。

ヒント　「切る」＝「受話器を戻す」という意味。

4. 母が私に服を買ってくれたけど、選んだのは私。

ヒント　「私の服」を売ったわけじゃないことに注意。

5. 彼は頭はいいけど、服のセンスがわるい。

ヒント　「頭がいい」＝「明るい」。「センス」はファッションの…

第2章
使い方を間違えると恥をかいちゃう英語

テーマ別にマチガイやすい言い回しをチェック！
「犬が吠えている」、「猫の鳴き声が聞こえる」、「鳥が空を飛んでいる」、「運動をするためにジムに行った」、「私は残業しなければなりません」、「その仕事はもうできました」、などを再確認！

仕事... p. 50

自然... p. 66

健康... p. 78

政治... p. 88

18

私は**残業し**なければなりません。

✕ I have to overwork.

正しい英訳

○ I have to **work overtime**.

「overwork」とは、長時間働きすぎたり、仕事で根を詰めすぎたりすることを指します。時には、上司を満足させるために「overwork」しなければならないこともあるかもしれませんね。でも、もし「残業」と言いたい場合は、英語では「overtime」が正しい言い方です。

"Overwork" means to work too much or too hard. Sometimes it may seem like you have to "overwork" to keep your boss happy! But if you mean to say 「残業」, the English term is "overtime."

Dialogue

A: Man, I'm tired. I've been putting in so much overtime.
B: Is it really necessary to spend so much time at your office?
A: Yeah, because we're short-staffed. I wish the boss would fill those positions. He's trying to cut costs, but he's hurting the rest of the staff.

A: ああ、疲れた。残業のしすぎだな。
B: 本当に、そんなに長い時間、会社にいなければならないの？
A: ああ、だって社員不足だからね。埋まっていないポジションに、上司が誰かを採用すればいいのに。コストを削減しようとしているんだけど、他の社員がその犠牲になっているんだ。

Extra Credit!

これも覚えよう！

「～過ぎる」の使いすぎ？

"Over" is often used as a prefix meaning "going beyond what is normal or desired."

「over」は、「普通の状態、あるいは望ましい状態を超えていること」を表す接頭辞としてよく用いられます。「overtime」は、仕事でもアメフトの試合でも、通常の時間を超えて何かをし続けることを表しますが、「overwork」の場合は働きすぎを意味します。その他、もしお店があなたに金額を多く請求した場合は、「overcharge」と言います。また食べ過ぎは、「overeat」です。

19

× 言い

SOME

その仕事はもうできました。

✕ I could do that job.

Ah! I
finished it!
GARBAGE

正しい英訳

○ I finished that job.

「できる」は文字通りに訳せば、確かに「to be able to do」という意味です。ただ、過去形の「could do」の場合は、ちょっと不自然に聞こえます。過去形の「できた」を使った文では、「completed」（完了した）あるいは「finished」（終わった）を使う方がよいでしょう。

「出来る」does literally mean "to be able to do," but the past-tense "could do" sounds a little strange here. In a sentence using past tense --「出来た」-- it's better to use "completed" or "finished" in English.

Dialogue

A: Ah! My report is finally finished.

B: That's great. How long did it take you?

A: I've been working on it for about six weeks.

B: You had to compile a lot of information for this report. I don't think I could have done it any faster.

A: ああ！やっとレポートを書き終わったよ！

B: それはよかったわね。どのくらいかかったの？

A: だいたい6週間くらいこれに取り組んでいたかな。

B: このレポートにはたくさんの情報を盛り込まなければいけなかったものね。私だったら、そんなに早くできそうにないわ。

Extra Credit!

これも覚えよう！

もう終わったよ

Another alternative is to say "the job is done" or "I'm done with the job."

他に、「the job is done」または「I'm done with the job.」（その仕事は終わった）と言うこともできます。これらは、「I'm done.」として省略していうこともできます。また「I'm finished.」ということもできますが、「I'm completed.」とすると、あなたの体の組み立てが完了したかのように聞こえてしまうかもしれません。

20 言い MANY

上司は、私たちを一晩中働かせた。

✕ The boss let us work all night.

正しい英訳

○ The boss **made us work** all night.

「〜させる」（動詞の「使役」形を作る）で終わる日本語の動詞は、英語では、「make」と「let」という2つの訳し方があります。「make」は、その人物が望まない何かを強制的にさせられることを示唆するのに対し、「let」はその人物がその行為を好むということを表します。ですから、もしあなたの上司があなたに一晩中働かせてくれる（Your boss lets you work all night.）と言うと、あなたは（徹夜したいほど）自分の仕事が好きで好きで仕方がないという意味になるのです。

The Japanese verb ending 「〜させる」 (which creates the "causative" form of the verb) can be translated into English in two ways: "make" or "let". "Make" implies that someone is being forced to do something he or she doesn't want to do, while "let" shows that the person wants to perform that action. So if your boss "lets" you work all night, it means you must really enjoy your job!

Dialogues

A: I can't fix this.
B: Here, I know how to do it. Let me.
A: Thanks.

C: Why are you late?
D: My mom made me clean my room before I left.

C: Oh, wow. I'm surprised you're only an hour late, then. How did you finish so quickly?

D: I threw a lot of stuff under the bed!

A: これ、直せないよ。
B: 貸して。僕は直し方を知っているから。僕にやらせて。
A: ありがとう。

C: どうして遅れたの？
D: 出かける前に、母親に自分の部屋を掃除するように言われたんだよ。
C: うわぁ。それなら、1時間しか遅れずに済んだのは驚きね。どうやってそんなに早く終わらせることができたの？
D: 色んなものをベッドの下に放りこんだのさ！

Extra Credit!

これも覚えよう！

動詞としての"boss"

The word "boss" can be a verb.

「boss」という単語は、動詞にもなり得ます。もちろん、これは「人に命令する」という意味であり、ネガティブな印象を与えます！例えば、「Don't boss me around!」（威張り散らさないでよ！）といった具合です。

21

彼のスタッフの二人に会いました。

✕ I met two of his staffs.

正しい英訳

○ I met two **members of his staff.**

○ I met two **of his staff.**

「staff」は通常、何人かのグループを指します。1つのオフィスまたは部署で働く人たち全体が「staff」です。そのうちの1人だったら「a staff member」となります。ただし、時には「staff members」を短くして「staff」と言うことがあります。

"Staff" usually refers to a group of people. The entire group who works in one office or section is a staff. One person from that group is a staff member. However, sometimes "staff members" is shortened to "staff."

Dialogue

A: How big is your staff?
B: We have sixteen people. But as our business grows, we expect to need additional staff.
A: We've had trouble filling some positions. We haven't been fully staffed for months.

A: 社員数はどれくらいなの？
B: うちは16人だよ。でもビジネスが拡大するに従って、もっと社員が必要になると思う。
A: うちは、なかなか埋まらないポジションがいくつかあるんだ。もう何か月もスタッフ不足だよ。

Extra Credit!

これも覚えよう！

オフィスのスタッフィング

"Staff" can also be a verb.

「staff」はまた、動詞でもあり、「スタッフの一員として働く」（例：「Sixteen people staff our office.」私たちのオフィスは、16名のスタッフが働いている）、または「オフィスにスタッフを補充したり、雇ったりする」（例：「This position is not always staffed.」そのポストには、必ずしも常に誰かが就いているわけではない）という意味があります。

22

私は、会社の友達とパーティーしました。

✕ I had a party with my company's friends.

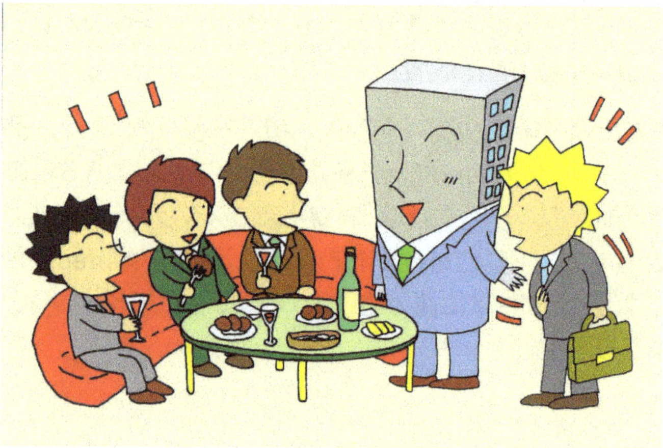

正しい英訳

○ I had a party with my friends from work.

「会社さんの友だち」ではなく、「あなたの友だち」です！「My company's friends」(または「friends of my company」)と言うと、その人たちとあなたの会社が友だちであるように聞こえます。そしてあなたはただ一緒にパーティーに参加したように。

「Friends from my company」と言うこともできますが、「friends from work」がより自然に聞こえます。

They're not your company's friends, they're your friends! "My company's friends" (or "friends of my company") makes it sound as if those people and your company are friends, and you only came along to join the party.

You could say "friends from my company", but it sounds more natural to say "friends from work".

Dialogue

G: I went to Disneyland yesterday.
B: Oh? Who did you go with?
G: I went with a few friends. Other girls from the office.
B: You didn't go with your boyfriend?
G: No, I don't have a boyfriend.
B: In that case, how about dinner tomorrow night?
G: Um, I'll think about it.

G: 昨日、ディズニーランドに行ったの。
B: へぇ？誰と行ったの？
G: 友達の何人かと行ったわ。会社の女の子たちよ。
B: 彼氏と行ったんじゃないの？
G: いいえ、彼氏はいないもの。
B: それなら、明日の晩にディナーでもどう？
G: う〜ん…考えてみるわ。

Extra Credit!

これも覚えよう！

職場の友人

"Work" is often used to mean "my job."

「work」は通常、「自分の仕事」意味します。例文は、「friends from the office」（職場の友達）と言うこともできます。もしあなたが会社員でない場合は、職場を入れましょう。「the store」（店）、「the factory」（工場）といった具合です。

23

客が苦情を訴えた。

× Our customer claimed.

正しい英訳

○ Our customer complained.

「claim」は、「要求(する)」という意味です。しかし多くの日本人、特にビジネスマンは、「苦情(を訴える)」という誤った意味で使っています。「苦情を訴える」(または、「文句を言う」)と言いたい時は、「claim」ではなく、「complain」を使いましょう。

"Claim" actually means「要求(する)」, but many Japanese, especially businessmen, mistakenly use it to mean「苦情(を訴える)」. If your meaning is「苦情(を訴える)」(or「文句を言う」), use "complain" instead of "claim".

Dialogue

A: (on the telephone) Hello, Better Business Bureau.
B: Yes, I'd like to file a complaint. Smith's Department Store refused to let me return a CD player for a refund.
A: I see. We've had other similar complaints about Smith's. We would advise you to take them to small claims court.

A: (電話で)もしもし、消費生活センターですが。
B: はい。苦情を申し立てたいのです。スミス・デパートにCDプレーヤーの返品と代金の返金を拒否されました。
A: 分かりました。スミスについては、これまでの同様の苦情を受けています。少額裁判を起こすことをお勧めします。

Extra Credit!

これも覚えよう!

スーツケースを受け取った

"Claim" has other meanings, too.

「claim」には、他にも意味があります。空港では、荷物を「claim」しますーーその荷物が自分のものであると名乗るのです。また、何かについて、たとえ他人が否定したとしても、事実であると主張する時にも使います。例えば、「The President claims his policy is working, but his opponents say it is failing.」(大統領は、自分の政策が功を奏していると主張しているが、野党は失敗だと言っている)といった具合です。

24

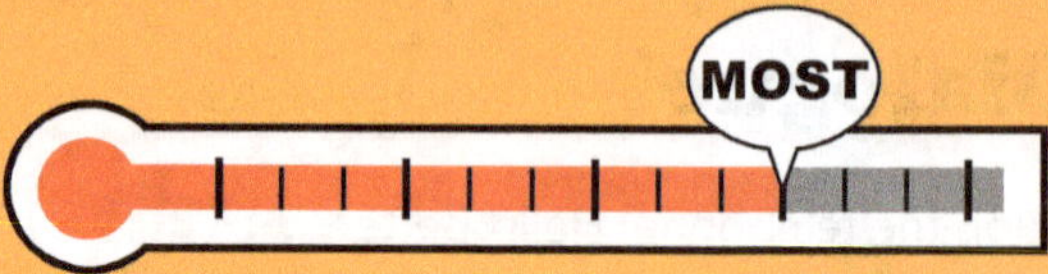

Do you have a copy of *Mainichi Weekly*?

×「毎日ウィークリー」のコピーはありますか。

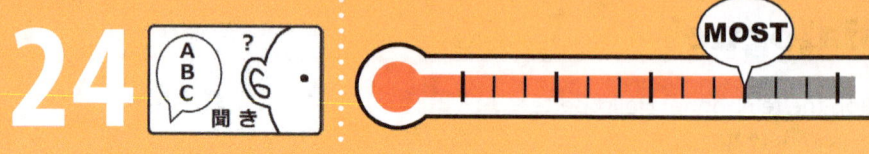

正しい和訳

○「毎日ウィークリー」を1部ほしいのですが。

日本語で「コピー」と言うと、「photocopy」（複写）を意味します。しかし、英語で「copy」は、（印刷物など）あらゆる複製物すべて（複写も含めて）を指すのです。上の例文では、新聞や雑誌の1部を指します。

In Japanese,「コピー」refers only to a photocopy. However, in English, “copy” covers any kind of duplication (including photocopies). In the above sentence, it refers to each duplicate of an issue of a newspaper or magazine.

Dialogue

A: I got a copy of the new Time magazine.
B: Oh, it's the issue with that article about Kyary Pamyu Pamyu, isn't it? I wanted to read that.
A: I'll make a copy of the article for you.
B: That'd be great. Thanks.

A:「TIME」の誌の最新号を買ったよ。
B: ああ、きゃりーぱみゅぱみゅの記事が載ってる号だよね？読みたかったのよ。
A: その記事のコピーをとってあげるよ。
B: それはうれしいわ。ありがとう。

Extra Credit!

これも覚えよう！

書き写させてください

Even if you look at written information and write some of that same information on another piece of paper, this is “copying.”

もしあなたが、ある情報が書き記されているのを見て、その情報の一部を、その通りに他の紙に書いたとしたら、それも「copying」(写すこと)です。例えば、「Let me copy down the magazine's address and phone number.」(その雑誌の住所と電話番号を写させてよ)のように言うことができます。

紙の下にカーボン紙を敷いて書くと、カーボンコピー(carbon copy)ができます。この単語は、電子メールで使われる「cc:」として残っています。

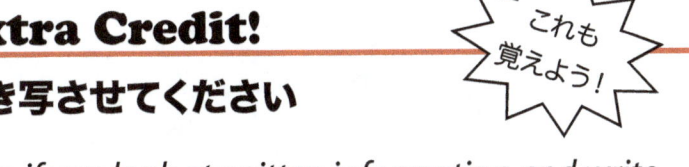

25

その工場では、ベルトコンベアーを使っている。

✕ The factory uses a belt conveyor.

正しい英訳

○ The factory uses a conveyor belt.

日本語の「ベルトコンベアー」は、2つの英単語を日本語として意味が通るように並べたものです。しかし英語では、「belt conveyor」とすると、「ベルトをconveyする（運ぶ）物」という意味になってしまいます。正しい英語の意味ーーつまり、運搬するためのベルトーーにするためには、単語を反対に並べ替えましょう。

The Japanese term「ベルトコンベヤー」is composed of two English words arranged in an order that's logical in Japanese. But in English, a "belt conveyor" would be something which carries belts. Putting the words in the opposite order conveys the correct English meaning -- a belt which conveys.

Dialogue

A: What a huge factory!
B: In just this area there are twenty conveyor belts.
A: What are they putting together on this assembly line?
B: Those are our new vacuum cleaners. As you can see, after fifty vacuums have been loaded onto a pallet, a fork lift conveys them to the warehouse.
A: Wow, this is quite an operation.

A: なんて大きな工場だろう！
B: この敷地内だけで２０のベルトコンベアーがあるんですよ。
A: この組み立てラインでは何を組み立てているのですか？
B: あれは、掃除機の新製品です。ご覧のように、荷台に掃除機が５０台載ったら、フォークリフトがそれを倉庫まで運びます。
A: わぁ、すごい工程ですね。

Extra Credit!

流れ作業

A conveyor belt is used for an assembly line.

ベルトコンベアーは流れ作業（assembly line）の中で使われます。それぞれの従業員の脇を通るように商品を運び、各自が担当する商品の組み立て作業にあたれるようにするのです。
ベルト（belt）はまた、車のエンジンや、他の機械にも使われています。

26

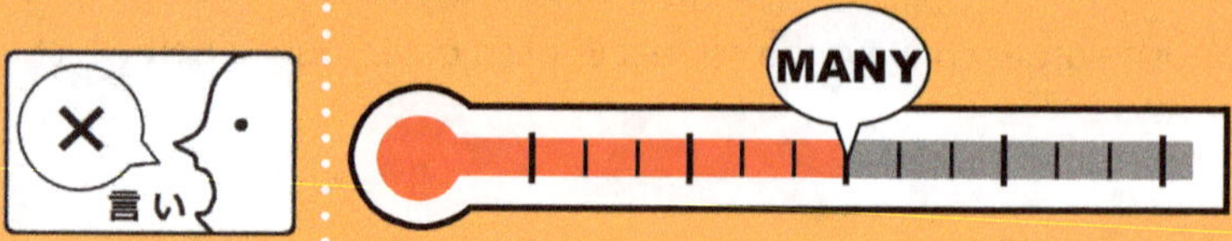

猫の鳴き声が聞こえる。

× I hear a cat crying.

正しい英訳

○ I hear a cat.

猫が泣くのですか？悲しむ猫がいるなんて、聞いたことがありません。もし本当に猫が泣くとしたら、涙を流さないということでしょうね！英語では、「cry」（泣く）ではなくて、実際の鳴き声に応じて「meow」や「yowl」などと表現します。しかし、たいていは動詞を使わずに「I hear a cat.」と言います。日本語で「猫が聞こえる」とするとおかしな言い方になりますが、英語では、ネイティブスピーカーらしい言い方になるのです！

Do cats cry? I've never known a cat to be sad. If cats do cry, they don't shed tears! In English, rather than "cry", we might say the cat is "meowing", "yowling", or something else, depending on the actual sound the cat is making. Often we use no verb at all: "I hear a cat." 「猫が聞こえる」sounds very strange in Japanese, but if you say this in English, you will sound like a native speaker!

Dialogues

A: Oh, hello Mr. Griswold. How are you this morning?

A: ああ、もしもし、グリスウォルドさん。今朝はご機嫌いかがですか？

B: Not good! That cat of yours was yowling all night and I had a hard time sleeping!

A: I'm sorry about that. We've got a noisy cat. I guess she's looking for a boyfriend.

B: いいものか！君の猫が一晩中鳴き声をあげ続けるものだから、なかなか眠れなかったんだぞ！

A: 申し訳ありません。うちの猫が騒がしくて。おそらく、ボーイフレンドを求めているのだと思います。

B: Well, she's not making a friend of me! Can't you keep her indoors at night?

B: しかし、私と友達になろうと思っているわけじゃないだろう！夜は家の中に入れておけないのかね？

A: Well, I suppose we could keep her in the basement. If we put her in the living room, she'll claw the furniture.

B: Sorry to be crabby, but I'd really appreciate it if you could do something about her.

A: I'll do my best.

A: そうですね、地下室に入れておくことはできると思います。リビングに入れると、家具をひっかいてしまうのです。

B: 意地悪を言うようで申し訳ないが、何か対策を講じてもらえれば、大変ありがたいのだがね。

A: 最善を尽くします

C: Meow.

H: Oh, Fuzzy! Your meow is so cute! You're such a good kitty, aren't you?

C: Meow. Purr purr purr…

C: ニャー。

H: ああ、ファジー！お前の鳴き声は本当に可愛いな。本当にいい子だね。

C: ニャー。ゴロゴロゴロ・・・・。

27

犬が吠えている。

✕ The dog is bowing.

正しい英訳

○ The dog is barking.

「Bow wow」（ワンワン）は、犬の鳴き声を表す英語の一つです。他に、「woof」（ウーッ！）や「arf」（ワン）もあります。では、「talking」にあたる犬のための動詞は何でしょうか？私の生徒の何人かが、「bow wow」の「bow」を動詞として使うのを聞いたことがあります。ところが、「bow」という動詞は、実は「お辞儀をする」という意味なのです。

"Bow wow" is one way of representing a dog's sound in English; others are "woof" and "arf". But what is the verb for the canine version of "talking"? I have heard some of my students take the "bow" from "bow wow" and use it as a verb. But the verb "to bow" actually means「お辞儀をする」!

Dialogue

A: Why is the dog barking?
B: Oh, he just barks every time someone walks by.
A: He sure is noisy. I'm surprised our neighbors don't complain.
B: Well, their kids like playing with our dog. Maybe that's why they don't mind hearing him bark.

A: 何で犬が吠えてるんだ？
B: ああ、誰かが通りかかるといつも吠えるのよ。
A: 本当に騒がしいな。ご近所さんから苦情が出ないのが不思議だよ。
B: まぁ、近所の子たちはうちの犬と遊ぶのが好きだから。だから、犬が吠えても気にしないのかもしれないわね。

Extra Credit!

これも覚えよう！

カエルの鳴き声は？

Animal sounds, of course, vary from language to language.

動物の鳴き声は、当然のことながら、言語によって、さまざまです。英語では、他にどのような動物の鳴き声があるのでしょうか？

Horse: whinney
Cow: moo
Frog: ribbit , croak
Sheep: baa
Chicken: cluck
Rooster: cock-a-doodle-doo

馬：ウィニー
牛：ムー
カエル：リビット、クローク
羊：バー
ニワトリ：クラック
雄鶏：コッカドゥードルドゥー

28

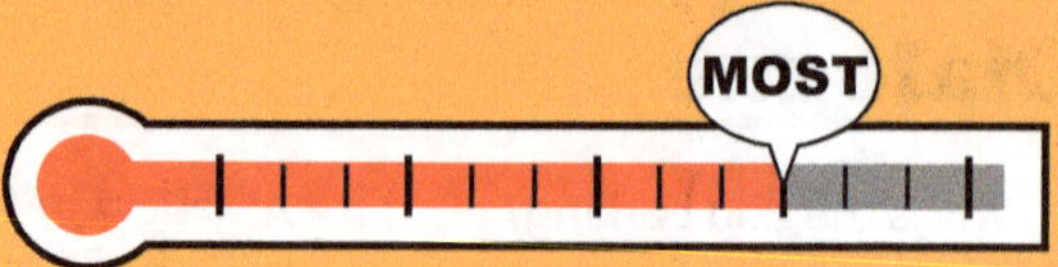

私の犬は死んだ。

✕ My dog is died.

正しい英訳

○ My dog died/has died/is dead.

会話の中で「My dog is died.」と言うと、あなたの犬の毛が別の色に染められた（dyed）と勘違いされてしまうかもしれません！日本人の多くは、死にかかわる英語の形容詞、名詞、動詞を混同して苦労しているようです。

名詞：death
動詞：die
動詞（過去形）：died
形容詞：dead

"My dog is died," when spoken, could be taken to mean that your dog has been "dyed" a different color! Many Japanese seem to have trouble with English words regarding death; they confuse the adjective, noun, and verb forms.

Dialogue

A: I was sorry to hear that your grandmother died.
B: Thanks. I can't say that it was a shock. She's been very sick for a long time. So we were prepared for this.
A: Where will the funeral be held?
B: It will be at her church. I'm sure she would have wanted it there.

A: お祖母さまが亡くなられて、お気の毒だったわね。
B: ありがとう。でも突然だった訳じゃないわ。祖母はもう長いこと病気だったの。だから、心構えはできていたのよ。
A: お葬式はどこでするの？
B: 祖母の通っていた教会でするわ。祖母もそこを望んでいたと思うから。

Extra Credit!

これも覚えよう！

「彼女は亡くなった」

Many native English speakers prefer to use a softer expression in place of "died".

ネイティブ・スピーカーの多くは、「died」（死んだ）の代わりにもっとソフトな表現を用いることを好みます。親しい友人や親族の死を話す場合は特にその傾向が強く、「My grandmother passed away.」「私の祖母が他界した」のように言います。あなたの友人が最愛の人を亡くした時には、「I'm sorry for your loss.」「お悔やみ申し上げます」や「I'm sorry to hear that.」「お気の毒です」のように言うこともできます。中には、「I'm sorry.」とだけ言う人もいますが、これはお悔やみというよりもお詫びのように聞こえてしまうかもしれませんね！

29

犬が好きです。

✕ I like a dog.

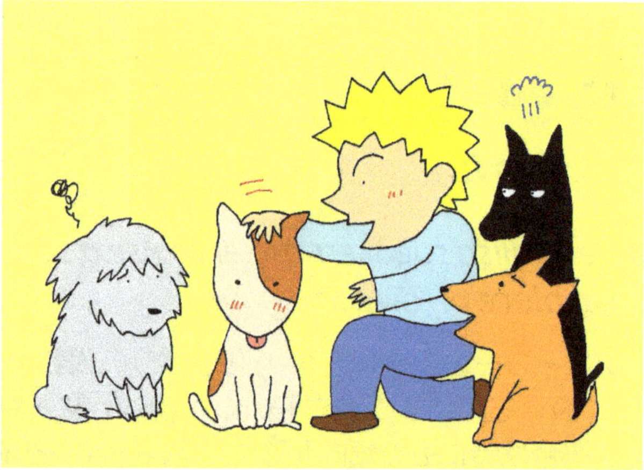

正しい英訳

○ I like dogs.

一匹の犬だけを好きなのですか？その他の犬はどうなのでしょう？

何かの種類について一般的に話す場合、可算名詞であれば複数形を使います。

Do you only like one dog? What about all the others?

When talking about one type of thing generally, we should use the plural form (if it is a countable noun).

Dialog

A: What kind of fruit do you like?
B: I like apples...and bananas are OK. What about you?
A: Strawberries are my favorite.

A: どんな果物が好き？
B: りんごが好きだけど、バナナもいいわね。あなたは？
A: いちごが好物だよ。

C: Do you like Mexican food?
D: Yeah, it's great! I really like tacos.
C: Yes, those are good.

C: メキシコ料理は好き？
D: ええ、おいしいわ！タコスが本当に好きなの。
C: うん、おいしいよね。

Extra Credit!

これも覚えよう！

犬食べるの？！

Types of meat are uncountable.

肉や魚の種類は不可算名詞です。

I don't like beef.
(私は牛肉が好きではない。)

I love fish. Tuna is my favorite.
(私は魚が好きです。まぐろが大好きです。)

Have you ever tried lamb?
(あなたは子羊の肉をたべたことありますか？)

ですから、「I like dog.」または「I like cat.」とは言わないように気をつけてください。その動物がメニューにあるのでなければのお話ですが。

30 文法 S✕O MANY

鳥が空を飛んでいる。

✕ The birds are flying in the sky.

正しい英訳

○ The birds are flying.

鳥は他にどこを飛ぶというのでしょう？地面でしょうか？

「飛ぶ」も「fly」も、「空中を移動する」という意味です。しかし、「fly」の意味はより限定されているのです。（日本語の）「飛ぶ」は単純に「速く移動する」ことを表すことがありますが、「fly」はそうではありません。「fly」の後に「in the sky」と言う必要はないのです。ところが、おかしなことに、「fly through the air」（空中を飛ぶ）という言い方をすることはよくあります。そして、これはとても自然に聞こえます。でも、単純に「flying」と言うだけでも問題はありません。

Where else would they fly? On the ground?

Both「飛ぶ」and "fly" mean "move through the air". But the meaning of "fly" is more limited.「飛ぶ」can mean simply "moving quickly", but "fly" does not. To say "in the sky" seems unnecessary after you say "fly". Strangely, however, we often say "fly through the air", and that sounds very natural. But it's fine to simply say "flying".

Dialogue

A: I wish I could fly through the air like a bird.
B: Yeah. Taking an airplane is nice, but being a bird would be more fun.

A: 鳥のように空を飛べたらいいのに。
B: そうだね。飛行機に乗るのもいいけど、鳥になれたらもっと楽しいだろうね。

Extra Credit!

これも覚えよう!

空飛ぶ子どもたち!?

子どもは飛ぶのでしょうか?日本では、「子ども飛び出し注意」と書かれた標識をよく見かけます。もちろん、「飛び出し」とは実際に「飛ぶ」のではなく、「突然跳び上がったり、かけ出したりする」ことを意味します。アメリカではたいてい、曲がり角の見渡しがいいので、このような標識は必要ありません。横断歩道、特に学校の近くでは、道路を渡る2人の人だけが描かれた、文字のない標識が掲げられています。

31

雷を見たことある？

✕ Have you ever seen thunder?

正しい英訳

○ Have you ever heard thunder?

前見たテレビ番組では、「thunder」を日本式に「サンダー」と発音されたら、ネイティブスピーカーはこの文を理解できないだろうと強調していました。私は、「ネイティブスピーカーが理解できないのは、この質問が意味不明だからだよ！」と思ったものです。「thunder」（雷鳴）は音ですから、見ることはできません。「Have you ever heard サンダー？」とすれば、恐らく理解してもらえるでしょう。もし、本当に見たことがあるかどうかについて聞きたいのなら、「Have you ever seen lightning?」（稲妻を見たことがありますか？）と言いましょう。

I once saw a TV program which tried to make the point that native English speakers won't understand this sentence if "thunder" is pronounced the Japanese way: 「サンダー」. I thought, "Native speakers don't understand because the question doesn't make any sense!" Thunder can't be seen; it's a sound. "Have you ever heard サンダー?" would probably be understood. If you really want to ask about the visual aspect, say "Have you ever seen lightning?"

Dialogue

A: Did you hear thunder?
B: Yeah, I think it's getting closer.
A: I think we're in for some rain. We'd better shut the windows.

A: 雷鳴を聞いた？
B: うん、近づいてるみたいだね。
A: 雨に見舞われそうね。窓を閉めた方がよさそう。

Extra Credit!

これも覚えよう！

雷鳴と稲妻

When a storm is approaching, we might see big, mountainlike clouds called "thunderheads".

嵐が近づいている時には、入道雲（thunderheads）と呼ばれる、大きくて山のような雲を目にすることがあります。時には、空と地面の間に稲妻の光（bolts of lightning）を見ることもありますし、稲妻が雲の中にとどまることもあります。雷は弱く轟く（rumble）こともありますし、時には、雷が落ちる大きな音（loud clap of thunder）が聞こえることもあるでしょう。その後には、「どしゃ降り」（cloudburst）と呼ばれる急な大雨が続くことがあります。

32

午後7時に会いましょう。それで大丈夫ですか？

✕ Let's meet at 7 p.m. Are you OK?

正しい英訳

○ Let's meet at 7 p.m. Is that OK?

「Are you OK?」と尋ねるのは、ふつう相手が動揺しているか気分が良くないと思われるときです。ですから待ち合わせの時間を提案した後にこの質問をしたのでは、関連性がなくなってしまいます。

We generally ask someone "Are you OK?" when we think they might be emotionally upset or not feeling well. So, if you ask it after suggesting a time to meet, the two sentences seem unrelated to each other.

Dialogue

A: You look pale. Are you OK?
B: Maybe I'm a little sick. I think I'll have to cancel our plans for tonight. Is that OK?

A: Of course. Go home and get some rest.

A: 顔色が悪いよ。大丈夫？
B: ちょっと具合が悪いのかもしれないわ。今夜の予定はキャンセルしないといけないみたい。それでもいいかしら？
A: もちろんだよ。家に帰って少し休みなよ。

Extra Credit!

これも覚えよう！

「OK」でもオーケーだった

"OK" started in the early 1800s, coming from "oll korrect", a humorous misspelling of "all correct."

「OK」という言葉は、1800年代のはじめに誕生しました。元となったのは、「all correct」（すべて正しい）を、間違った綴りで面白おかしく書いた「oll korrect」。その後、この言葉は「Old Kinderhook」（オールド・キンダーフック）というニックネームで呼ばれた米大統領、マーティン・ヴァン・ビューレンの支持者たちによって使われるようになりました（彼はニューヨーク州のキンダーフック村出身）。ヴァン・ビューレンの支持者たちは「OKクラブ」と呼ばれ、「OK」という言葉がさらに広まるきっかけとなったのです。

33

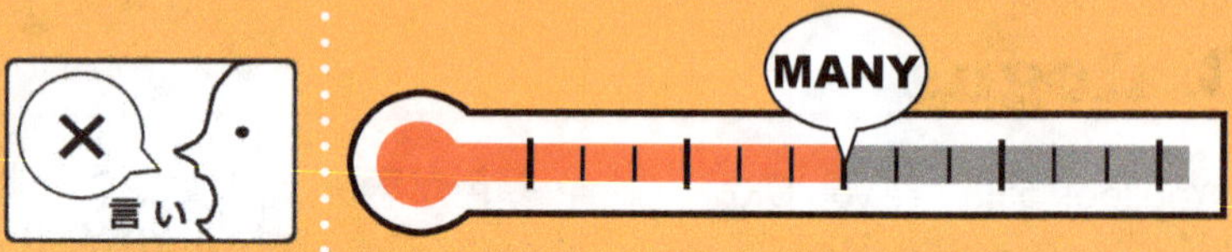

私は薬を飲みました。

✕ I drank some medicine.

正しい英訳

○ I took some medicine.

日本語では、薬には「飲む」という動詞を使います。そして、「飲む」はふつう、「drink」と訳されます。コーヒーやビールの場合はこれでよいのですが、薬に対して使うと、英語では不自然に聞こえます。「飲む」はまた、「swallow」(飲み込む)と訳すこともできますが、薬に対しては「take」という動詞を使うのがふつうです。これは、薬が液体か、あるいは錠剤か粉末か(もっとも、粉末状の薬はアメリカではあまり見かけないのですが)に関わりません。

In Japanese,「飲む」is the verb used for taking medicine, and「飲む」is normally translated as "drink". This is fine for coffee or beer, but it sounds strange in English when the subject is medicine.「飲む」could also be translated as "swallow", but "take" is the verb usually used for medicine -- whether it's liquid, in pill form, or powder (although powdered medicine is not often found in America).

Dialogue

A: Would you like some gum, son?
B: Sure.
A: Remember, it's not food, so don't swallow it!
B: OK.

A: 息子よ、ガムはいるかい？
B: もちろん。
A: 忘れるなよ、これは食べ物じゃないから、飲み込んじゃダメだぞ！
B: オーケー。

Extra Credit!

これも覚えよう！

ガムを食べないで！

As shown in the dialogue, we do not say, "Would you like to eat some gum?" in English.

上のダイアログからも分けるように、英語では「ガムを食べませんか？」という言い方はしません。ガムは噛む（chew）ものですが、「Would you like to chew some gum?」「ガムを噛みませんか？」と言う必要もないでしょう。「Would you like some gum?」「ガムはいかがですか？」で十分なのです。子どもは時々、ガムを飲み込んで（swallow）しまいます。そういえば、日本の野球ファンならご存知でしょうが、「swallow」（ツバメ）という名の鳥もいますね。

34

文法 S✗O

ALL

医者は患者の足を手術した。

✕ **The doctor operated the patient's foot.**

正しい英訳

○ **The doctor operated on the patient's foot.**

何かを operate するというのは、それを「操作する」ことを意味します。したがって「operate the patient's foot」は、患者の足を「操作する」ことになり、まるで患者が重機であるかのように聞こえます。

「手術をする」の意味にしたければ「operate on」という句動詞を使う必要があります。

To "operate" something means to "control" it. So "operate the patient's foot" means to "control" it. It sounds as if the patient is heavy machinery!

If your meaning is "do surgery", then you need to use the phrasal verb "operate on".

Dialog

A: Did your mom have her surgery?
B: Yeah, it was yesterday. They said the operation was successful.
A: Hey, that's great! How's she doing?
B: As well as can be expected. Apparently there was a lot of cancer, but they think they removed it all.
A: I sure hope so.

A: お母さんが手術を受けたの？
B: ええ、昨日。手術は成功したって聞いたわ。
A: わぁ、それは良かった！容態はどう？
B: なんとか落ち着いてる。癌は広がっていたようだけど、すべて摘出できたらしいわ。
A: そう願っているよ。

Extra Credit!

これも覚えよう！

「句動詞」とは…？

What is a phrasal verb?

句動詞は、動詞が前置詞や副詞、またはその両方と結びついてできています。英語には非常に多くの句動詞があり、見ただけではその意味が理解できないことが多いため、意味を覚える必要があるのです。

例えば、put の意味が「置く」であることは知っているでしょう。では「put (someone) out」はどういう意味でしょう？もしも「put the cat out」であれば、もちろん猫を外に置くというだけのことですが「put your friend out」と言えば、友だちに余計な仕事をしてもらう、何か迷惑をかけるとの意味になります。

「put out」には他にも多くの意味があります。「put out a fire」は「(火を) 消す」、「put out a magazine」は「(雑誌を) 出版する」。

35

その農夫は、作物に農薬をまいた。

✕ The farmer put medicine on his crops.

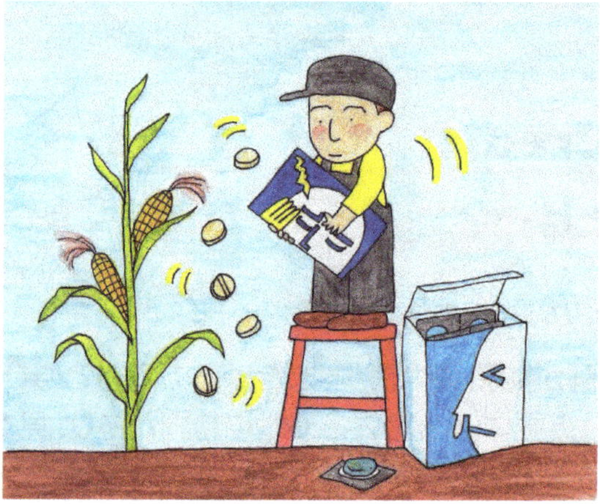

正しい英訳

◯ The farmer put pesticide on his crops.

皆さんは恐らく、「薬」は英語で「medicine」だと教わったことでしょう。しかし、それがいつも正しいとは限りません。「medicine」は、私たちが体調の悪い時に、よくなるようにと飲むもの。しかし、この場合は、害虫の具合を悪くするためのものなのです！ですから、「medicine」ではありませんね。「薬」にはまた、「chemical」（化学薬品）という意味もあります。農家の人々は化学薬品を使い、害虫や雑草を殺します。このような種類の化学薬品は、「pesticide」（農薬、殺虫剤）と呼ばれます。

You probably learned that「薬」in English is "medicine". But that's not always true. "Medicine" is something we take to help us when we're sick. But in this case, the substance is going to **make** insects sick! So it isn't medicine. 「薬」 also includes the meaning of "chemical". The chemicals used by farmers, of course, are to kill insects or weeds; this kind of chemical is called "pesticide".

Dialogue

A: I'm going to spray some pesticide on the garden.
B: You're going to wear a mask, right? Don't breathe that stuff.

A: Don't worry, I'll wear a mask.

A: 庭に殺虫剤をまこうとおもうんだけど。
B: マスクは着けるんだろう？あんなものを吸い込んだらいけないからね。
A: 心配しないで、マスクは着かえるわ。

Extra Credit!

これも覚えよう！

「medicine」と「drug」の違い

"Medicine" can mean the same thing as "drug": a substance you take when you are sick.

「medicine」と「drug」は同じ意味で、ともに具合が悪くなった時に服用するものです。「drug」はまた、コカインのような違法薬物のことも表しますが、これは決して「medicine」とは呼ばれません。「medicine」にはまた、「人々の健康にかかわる学問」という意味もあります。医者は、医療を実践します（practice medicine）。また、「medicine」の形容詞形は、「medical」です。

36

ダイエットのために毎日ランニングをする。

✕ I go running every day for my diet.

正しい英訳

○ I go running every day to lose weight.

日本語の「ダイエット」の意味は英語の「diet」とは少し違います。英語では体重を減らすための食事プランや単に通常の食生活を意味します。食事と運動は減量のためには気をつけなければなりませんが、「diet」に運動は含まれません。

The Japanese meaning of「ダイエット」is a bit different from the English "diet". We use it to refer to an eating plan to lose weight, or it can just mean what you normally eat (食生活). Diet and exercise are the two things you must be careful of if you want to lose weight, but "diet" does not include the meaning of "exercise".

Dialogue

A: Looks like you've just been to the gym!
B: Yeah, I'm trying to lose some weight. I've been working out three times a week.
A: Are you dieting, too?
B: Not strictly, but I'm trying to avoid junk food.

A: ジムに行ってきたばかりのようね。
B: そう、ちょっと体重を落とそうと思ってるの。週に3回は運動してるわ。
A: 食事制限もしてるの？
B: あまりちゃんとはしていないけれど、ジャンクフードは避けるようにしてる。

Extra Credit

これも覚えよう！

足にトレーナーを着る！？

Some people who go to the gym will hire a personal trainer.

ジムに通う人の中には、個人的に「trainer」――どのように運動したらよいか人々に指導する人――を雇う人もいます。日本語の服の「トレーナー」と混同しないでくださいね。アメリカでは、そのトレーナーは「sweatshirt」と呼びます。一方、イギリス英語では、「trainers」は運動靴のこと。ですから、イギリスの人と運動時の服装について話す時には、混乱を招くことがあるかもしれません！

37

He is running for the Diet.

✕彼はダイエットするために走っている。

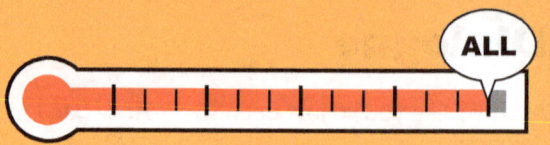

正しい和訳

○彼は国会議員選挙に出馬（立候補）している。

前章お話したとおり、英語の「diet」の１つの意味は「食生活」です。ただし政治においては、「diet」は全く別のものです。日本語の「国会」に当たります。多くの国では議会のことを「parliament」と呼びます。「diet」を使うのはドイツ語からの影響で、明治時代から日本の議会をそのように呼んでいます。

As I mentioned in the previous chapter, one meaning of "diet" in English is「食生活」. But in government, a "diet" is something completely different: what Japanese call the「国会」! In many countries, the national assembly is called a **parliament**. This use of "diet" comes from German, and it has been used to describe Japan's parliament since the Meiji Era.

Dialogue

A: Have you ever been to the Diet Building?
B: No, I'm not very interested in politics.
A: I would think it would still be cool to see the building, though.

A: 国会議事堂に行ったことある？
B: いや、政治にはあまり興味がないんだ。
A: でも、建物を見るだけでも面白いと思うわよ。

Extra Credit!

これも覚えよう！

ダイエットのための家!?

In many countries, the national assembly is called "Parliament".

多くの国々では、国の議会のことを「Parliament」と呼んでいます。しかし、日本は明治時代、日本語の「国会」に対する英訳として、ドイツから「Diet」という単語を借りてきたのです。日本の国会における2つの議院は、英語では「House of Councillors/Upper House（参議院）と「House of Representatives（衆議院）として知られています。「Diet Building」（国会議事堂）では議会が開かれますが、ここはもちろん、減量するための場所ではありません！

38

ABC ? 聞き

MANY

The prime minister chose a new **Cabinet**.

✕ 総理大臣が新しい戸棚を選んだ。

正しい和訳

○ 総理大臣が新**内閣**を指名した。

総理大臣が台所用家具を選んでいるわけではありません。政治の話をしている場合、「Cabinet」は総理大臣または大統領によって選ばれた政府の最高機関を組織する人たちの集まりです。日本語では「内閣」と呼ばれています。

I'm not talking about the Prime Minister shopping for kitchen furniture! When we're talking about government, a "Cabinet" is the group of people chosen by a prime minister or president to lead the top departments in the government. In Japanese, it's called「内閣」.

Dialogue

A: If we visited the Diet Building, we might get to see the Prime Minister. Or at least some members of his Cabinet.
B: Maybe. If the Diet is in session. You know politicians: they take a lot of time off!
A: Well, we'd just have to find out when they're having a session.
B: Well, if you really want to go, let's find out when.

A: 国会議事堂に行ったら、首相の姿が見られるかもしれないわね。もしくは、少なくとも閣僚の誰かは見られるだろう。
B: だろうね。でも国会が開会中ならね。分かるだろう、政治家ってやつは休みが多いからね！
A: そうね、いつ国会が開かれるのか調べないといけないわね。
B: ああ、君が本気で行きたいのなら調べようよ。

Extra Credit!

これも覚えよう！

「minister」のもう一つの意味

Cabinet members are called ministers, but "minister" can also be a church leader (牧師).

閣僚（cabinet members）は大臣（minister）と呼ばれますが、「minister」はまた、教会の指導者（牧師）も意味します。
「minister」という単語は、「奉仕する人」を意味するラテン語からきたものです。
また、「minister」は「主に教会の指導者として、手助けや指導をする」という意味の動詞でもあります。

QUIZ Part 2

以下の日本語を英語にしてみましょう！答えは181ページにあります。

1. 内閣のメンバーは、ほとんどが国会議員です。

ヒント　やせることには関係ないけれど…

2. 雷が鳴る度に、犬が吠える。

ヒント　犬はお辞儀できません！

3. その薬を飲んだ後、空を飛んでいる感じがした。

ヒント　薬はジュースじゃないから…

4. 先週、うちのスタッフの一人が死んでしまったよ。

ヒント　スタッフって、グループのこと。

5. 毎日残業で、みんなが文句を言っている。

ヒント　過労とはちょっと違う。

第3章 ネイティブが「?」になる表現

「ここはどこ?」、「私は地球の平和を願う」、「このイスは、木で作られている」、「図書館から本を借りた」、「私は泳ぎに行きます」など、一見簡単そうでも意外にマチガエやすい表現を、要チェック!

状態… p. 94

場所… p. 110

動作… p. 126

39

本日休業

✕ CLOSE

正しい英訳

○ CLOSED

「close」は動詞。「closed」は、「He has closed the door.」（彼はドアを閉めました。）に見られるような過去分詞です。英語では過去分詞形は形容詞として使うことができます。ただし昔から、「open」は常に動詞・形容詞の両方に使われてきました。ですからこの看板では、形容詞として「opened」とする必要はありません。

"Close" is a verb. Its past participle form is "closed", as in "He has closed the door." We use that past participle form as an adjective. However, historically speaking, "open" has always been used as an adjective as well as a verb, so there is no need to use "opened" as an adjective on this sign.

Dialogue

A: I thought you were going to the library today.
B: I can't. It's closed for remodeling.

A: 今日は図書館に行くんだと思ってたわ。
B: それが無理なんだ。改修工事で閉館中なんだよ。

Extra Credit!

これも覚えよう!

OPENとCLOSED

「open」もまた動詞であり、過去分詞形に変化します。それでは、なぜ「OPENED」というサインにならないのでしょうか？それは、英語の歴史を振り返ってみると、「open」は何百年もの間形容詞として使われ、その後動詞になったためなのです。最初から形容詞だったので、動詞の過去分詞形から形容詞を生み出す必要がなかったのですね。現代の英語では、「opened」という形容詞も確かに存在しますが、意味は多少異なります。

40

文法 SVO

ALL

俺は凄くうんざりしている。

✕ I am very boring.

正しい英訳

○ I am very **bored**.

この表現は変に聞こえてしまいます。本人の気持ちではなく、他の人がどう感じているのかが表現されているからです。周りの人は退屈して眠ってしまうのでしょうか？

興味を持つものがないときには、退屈します (feel bored)。映画や人、本などが人を退屈させる場合にはその人や物が「boring」であることになります。「interesting」(面白い)、「frightening」(恐ろしい)、「exciting」(興奮させる) なども同様です。

This expression sounds funny, because it doesn't describe how you feel, it describes how other people feel about you! Do people fall asleep around you?

If you can't find something to be interested in, then you feel bored. If a movie, a person, a book etc. causes you to feel bored, then the person or thing is boring. The same is true for "interesting," "frightening," "exciting," etc.

Dialogue

A: Mr. Allen's class today was really boring.
B: I'm always bored in his class, but today I was also confused.

A: What did you think was confusing?
B: Well, chemistry is always confusing to me.
A: You can't be a good scientist if you don't understand chemistry.
B: I know. I'm getting a little scared!
A: I think chemistry is really interesting. Maybe I can help you study.

A: アレン先生の今日の授業は本当に退屈だったわ。
B: 僕はいつも彼の授業では退屈しているけど、今日はその上複雑だったな。
A: どこが分かりにくいと思った？

B: う～ん、僕にとって化学はいつも分かりにくいんだ。
A: 化学を理解できなければいい科学者にはなれないわよ。
B: 分かってる。何だか不安になってきたよ！
A: 私は化学ってすごく面白いと思う。あなたの勉強を手伝ってあげられるかもしれないわ。

Extra Credit!

これも覚えよう！

学校が退屈だから、僕は退屈している

Other easily confused adjectives:
他にも、間違えやすい形容詞には以下のようなものがあります。

それは…
frightening（怖い）
confusing（混乱させるような）
interesting（興味深い）
scary （怖い）

あなたは…
frightened（怖いと感じる）
confused（混乱している）
interested（興味深いと感じる）
scared（怖いと感じる）

41

この看板には、「カラオケ禁止」とある。

✕ The sign is written "No karaoke".

正しい英訳

○ The sign says, "No karaoke".

「看板」が書かれているわけではありません。看板に言葉が書かれているのです。「この看板には、『カラオケ禁止』と書かれている」と言うこともできますが、英語では、ほとんどの場合「the sign says」と言います。もちろん看板は話はしませんが、英語ではとても自然な言い方です。また、「the sign reads...」というもの、よく使われる表現です。

"The sign" is not written; some words are written on the sign. You could say, "'No karaoke' is written on the sign." However, we would most often say "the sign says." Of course, the sign isn't speaking, but this is very natural English. It would also be good to say, "The sign reads..."

Dialogues

A: What does that sign say?	**A:** あの標識には何と書いてあるの？
B: It says "Do Not Enter." Can't you read it?	**B:** 「立ち入り禁止」と書いてあるわ。読めないの？
A: I can't see very well without my glasses.	**A:** 眼鏡がないとあまりよく見えないんだ。
B: Then why are you driving?	**B:** それならどうして運転してるのよ？
C: The inscription on this statue reads "William Shakespeare, 1564-1616."	**C:** この像には、「ウィリアム・シェイクスピア（1564-1616）」と刻まれているよ。
D: He only lived to be 52?	**D:** 彼は52歳までしか生きなかったの？
C: Well, in those days, that was a long life!	**C:** うん、当時はそれでも長生きだったんだよ！

Extra Credit!

これも覚えよう！

アメリカ人の「マチガイ」!?

The Japanese word "karaoke" has become English.

日本語の「カラオケ」は、英語として使われるようになりました。しかし、アメリカ人にとっては、恐らく「a」と「o」が続いているため、発音するのが難しいようです。このため、英語では日本語とは少し異なり、「carry-okee」（キャリオキ）と発音されます。

42

聞き ALL

He's a really mean person.

×彼はとても有能な人です。

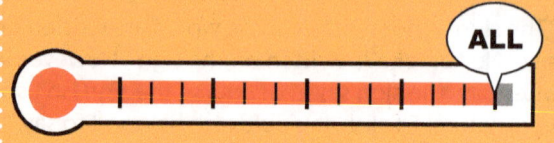

正しい和訳

○彼はとても意地悪な人です。

ここでは、「mean」は動詞ではありませんから、「意味する」という意味ではありません。ですから、上の英文は、その人の存在価値が高いとか、重要人物である、賢い、など、私の生徒が推測したいかなる意味にもならないのです。実は、形容詞の「mean」は「意地悪」という意味です。

This is not the "mean" that means 「意味する」; that's a verb. The above sentence does not mean that this person is meaningful, important, smart, or any of the other things my students guessed. Actually, the adjective "mean" means 「意地悪」.

Dialogue

A: He's a really mean person.
B: What do you mean?
A: He yells all the time.

B: Just yelling?
A: Well, and he insults people. If they don't agree with him, he calls them names.

A: 彼は本当に意地悪な人ね。
B: どういう意味？
A: いつも私に向かって怒鳴るのよ。
B: ただ怒鳴るだけ？
A: いいえ、みんなの気持ちを傷つけたりもするわ。自分に賛同しない人を罵倒するのよ。

Extra Credit!

これも覚えよう！

「mean」の意味をもっと知ろう

There are two more words spelled "mean", and with the same pronunciation!

他にも、同じ「mean」という綴りで、発音も同じ単語が2つもあるのです！そのうちの一つは、「ある物事のやり方」という意味で、普通、複雑形で使われます。「The telephone is a means of communication」といった具合です。

もう一つは、数学において使われる「mean」です。これは、2つの異なる数値の平均値という意味です。ところで、「he is a mean person」における「mean」は、「質が劣っている」という意味で使われることもあります。

43

このイスは、木で作られている。

✕ This chair is made by wood.

正しい英訳

○ This chair is made of wood.

恐らくあなたは、「木で作ってある」というような文の場合、「で」は「by」と訳されると教わったことでしょう。また、「by」の前にはたいてい、動詞の過去分詞形がくることも習ったかもしれません。しかし、「by」はそのイスを作った人や物について話す時に使うもので、使われた材料のことを表すものではありません。木でイスを作ったのではなく、イスを作るために木が使われたのです。

You were probably taught that「で」should be translated as "by" in a sentence like「木で作ってある」. You may also have learned that past participles are usually followed by "by". However, "by" shows that you are talking about who or what made the chair, not the material that was used. Wood did not make the chair; wood was used to make the chair.

Dialogue

A: I hear that doors in Japan are made of paper.
B: Well, the old-style doors are. We call them *shouji*. But most doors are made of wood or metal.

A: 日本ではドアが紙で作られていると聞きました。
B: ええ、旧式のドアはそうです。それらは「障子」と呼ばれます。でも、ほとんどのドアは木製か金属製ですよ。

これも覚えよう!

Extra Credit!

「made of」と「made from」の違い

There is a slight difference between "made of" and "made from".

「Made of」と「made from」には、微妙な違いがあります。「Made of」は、材料がそのまま用いられ、見た目で判断できる場合（例：a chair made of wood/木で作られたイス）に使われます。「made from」は、普通、ある材料を他の材料と混ぜたり、その材料の形を変えたりして作られたために、もとの材料が何であるか、見た目では明確に判断出来ない場合（例：wine made from grapes/ブドウから作られたワイン）に使われます。

44

私たちは、みな同じ人類です。

✕ We're all the same human beings.

We're all the same human beings...as you!

正しい英訳

○ We're all human beings.

○ We're all the same.

日本語の言い回しをそのまま英語に訳してしまうと、間違ってしまうことがあります。日本語では、「みんなは同じ人間です」でよいのですが、英語で「We're all the same human beings.」と言うと、私たちはみな同じクローンで、全く同じ人物であるかのように聞こえてしまいます。私たちは、みな同じではなく、一人ひとりが別の人間ですよね！

Sometimes it is a mistake to translate a Japanese phrase into English too literally. In Japanese, 「みんなは同じ人間です」 sounds fine, but "We're all the same human beings" sounds as if it means that we are all clones, identical to each other. We're not all the same people; each of us is a separate person!

Dialogues

A: How was your day? **B:** Nothing unusual. Every day is the same. **A:** You should try doing something different. You need more variety in your life. **B:** What I need is a different job!	**A:** 今日はどんな日だった？ **B:** 特別なことはなかったよ。毎日、同じだね。 **A:** 何か別のことにチャレンジするべきだよ。人生はもっと豊かじゃなきゃ。 **B:** 僕に必要なのは、別の仕事だよ！
C: Don, this is my friend Earl. **D:** Nice to meet you, Earl. **E:** How's it goin'? **C:** Earl and I went to the same college. **D:** What school was that? **E:** Augustana College. **D:** I've never heard of it. Where is it? **C:** It's in Rock Island, Illinois.	**C:** ドン、こちらが私の友達のアールよ。 **D:**はじめまして、アール。 **E:** 調子はどう？ **C:** アールと私は、同じ大学に通っていたの。 **D:** 何ていう学校だったの？ **E:** オーガスタナ・カレッジよ。 **D:** 聞いたことないな。どこにあるの？ **C:** イリノイ州ロック・アイランド市にあるわ。
F: Do you and Helen work in the same office? **G:** No, we don't. We work in the same company, but on different floors. She's in marketing, I'm in the patent office.	**F:** 君とヘレンは同じ職場で働いているの？ **G:** いや、違うよ。僕たちは同じ会社で働いているけど、フロアが別なんだ。彼女はマーケティング部で、僕は特許部だよ。

45

東京都知事が、今日の特集で取り上げられています。

✕ The governor of Tokyo is featured on today's close [klouz]-up.

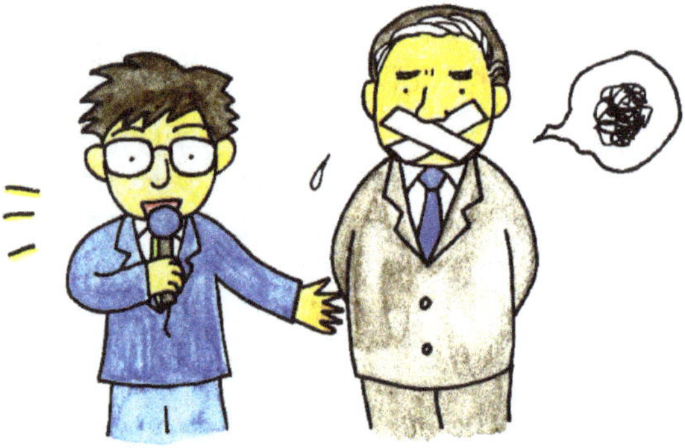

正しい英訳

○ The governor of Tokyo is featured on today's close [klous]-up.

「close」は、「閉める」という意味で使われる場合、[klouz]と発音します。しかし、「近い」という意味の場合は、発音は[klous」となります。ですから、ある特定の人物を取り上げた記事（close-up）は、[klous]-upと発音するのが正解です。[klouz]-upは、記者が、その人物の口封じをするという意味で使われることもあります——それも、場合によっては、必要なことかもしれませんね。

When "close" means "shut", as in "close the door", it is pronounced [klouz]. However, when it means "near", the pronunciation becomes [klous]. A "[klouz]-up" could mean that the reporter is going to make the subject close his mouth -- which might be a good thing in some cases.

これも覚えよう!

Extra Credit!

close と前置詞の関係

close [klouz] は、異なる前置詞と組み合わせることで、意味がさまざまに変化します。

close up: (店などを)閉める

"Before you leave the store tonight, please close [it] up."

「今夜、店を出る前に、閉めるようにしてください」

close out: (特にビジネスにおいて)売る、または手放す

"The store is having a closeout sale on these items. They want to get rid of that stock. They are closing it out."

「この店では、これらの商品を閉店セールで売り出しているんだ。在庫を手放したいのだろう。閉店間際だからね」

(形容詞として使われる場合は、「closeout」で一つの単語となります。「動詞+前置詞」の組み合わせで、たいてい形容詞ができます)

close in: 包囲する、近づく

"The police were closing in on the escaped prisoner, surrounding him and moving in from all directions."

「警察は脱走した囚人を追いつめた。包囲し、四方八方から近づいていった」

46

花粉が飛んでいる。だからくしゃみが出るんだ。

✕ There is pollen in the air. That's because I'm sneezing.

正しい英訳

○ I am sneezing. That's because there's pollen in the air.

「That's because」は、物事そのものではなく、物事が起きた理由を説明する場合に使います。先に理由を話し、その後に物事について話す場合は、「That's why」と言いましょう。「There is pollen in the air. That's why I'm sneezing.」（花粉が飛んでいる。だからくしゃみが出るんだ）といった具合です。

"That's because" should be used to introduce the reason an event is occurring, not the event itself. If you state the reason first, and then introduce the event, say "that's why": "There is pollen in the air. That's why I'm sneezing."

Dialogue

A: Could you answer a question for me?	**A:** 質問に答えていただけますか？
B: That's why I'm here! What's the question?	**B:** そのために私がいるんです！どんなことでしょうか？
A: I thought I turned on the heat. Why is it so cold in here?	**A:** ヒーターをつけたはずなんです。それなのに、どうしてこんなに寒いんでしょうか？
B: Oh. That's because you didn't flip this switch. You turned on the air conditioning, not the heater.	**B:** ああ。それは、このスイッチを切り替えなかったからです。あなたがつけたのはエアコンで、ヒーターじゃなかったんです。
A: Oh, so that's why I'm freezing!	**A:** ああ、だから凍えそうなんですね！

Extra Credit!

これも覚えよう！

花粉にまつわる単語集

If pollen makes you sneeze, you have an allergy, also known as "hay fever".

もし花粉によってくしゃみが出るなら、あなたは「allergy」（アレルギー）の一種の「hay fever」（花粉症）にかかっているのです。日本では、春、「Japanese cedar」（杉）や「cypress」（ヒノキ）の花粉が飛びます。夏の終わりにも、おおくの人々が「ragweed」（ブタクサ）によるアレルギー症状を起こします。

47

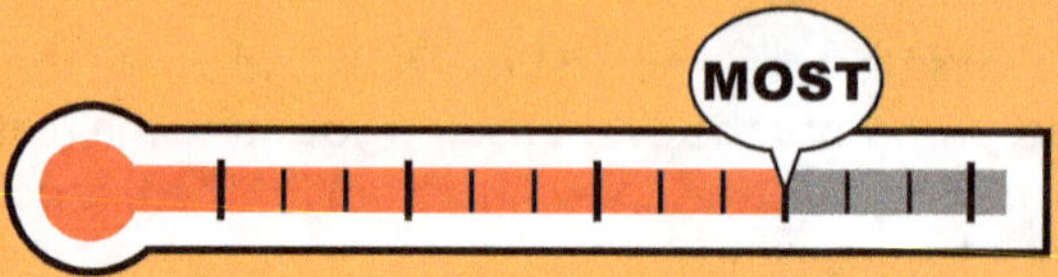

ここはどこ？

✕ Where is here?

正しい英訳

○ Where am I?

自分が知らない場所にいると気付いた時、日本語では「ここはどこですか」とたずねます。ところが、英語では「ここはどこ？（Where is here?）」に対する答えは明白です――「"ここ"がどこか別の場所に移動することなどないんだから！」。英語では、そうではなく、自分のいる場所はどこかをたずねます。

In Japanese, if you find yourself in an unfamiliar place, you ask, 「ここはどこですか？」 But in English, the answer to "Where is here?" seems obvious: "Here is right here! And it never moves to some other place!" In English, we ask instead about our own location.

Dialogues

A: Excuse me, can you help me?

A: すみません、助けていただけますか？

B: What's the problem?

B: どうしたのですか？

A: I'm trying to get to the art museum. I was following the map, but I made a mistake and now I don't know where I am.

A: 美術館に行こうとしているのです。地図の通りに進んで来ましたが、間違えてしまって、自分が今どこにいるのか分からないのです。

B: Let me see... On the map, you're right here.

B: どれどれ…地図の上では、あなたはちょうどここにいます。

A: Oh, I see. I turned too soon.

A: ああ、なるほど。曲がるのが早すぎたのですね。

B: Right. So you just need to turn right at the next intersection and walk one block. Then you should be able to see it on the left.

B: そうですね。ですから、次の交差点を右に曲がって、1ブロック歩いてください。そうすれば、左手に（美術館が）見えます。

A: OK, thanks a lot.

A: 分かりました、どうもありがとうございます。

B: No problem.

B: いえいえ。

C: Hi, Fred? It's Chuck.

C: やあ、フレッドかい？チャックだよ。

D: Chuck! Where are you?

D: チャックか！どこにいるんだい？

C: I'm not sure where I am. I'm lost. I'm at a bank across from a church.

C: いまどこにいるのかよくわからないんだ。迷っちゃってさ。教会の向かいの銀行にいるんだけど。

48

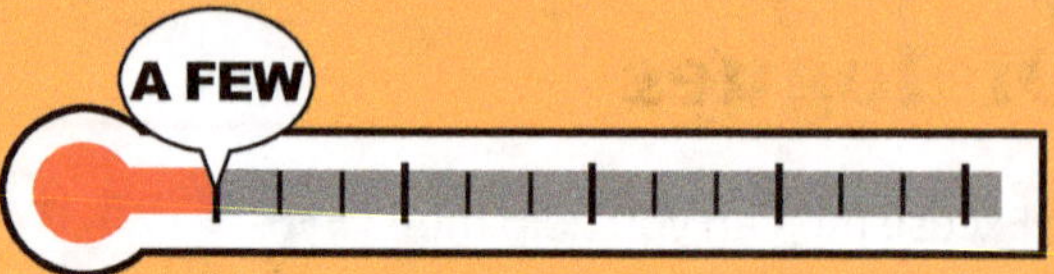

Hollywood

✕聖なる林

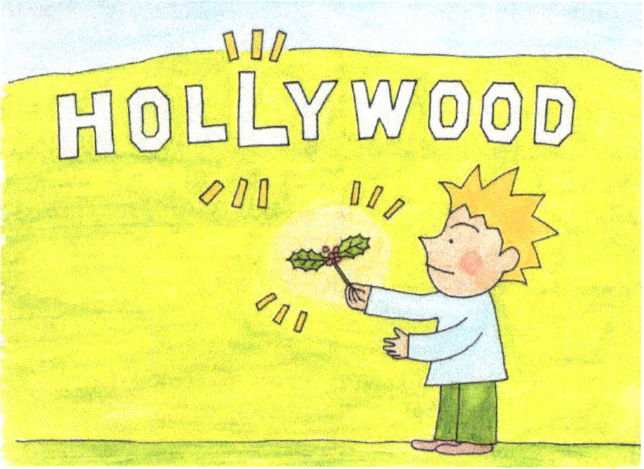

正しい和訳

○ヒイラギの木

日本人は、かつて「Hollywood」を、「聖林」と呼ばれるものを指すと思って書いていました。しかし「聖なる林」という意味なら、「L」は一つだけです。実は、「Holly」は、クリスマスの飾りつけによく使われる植物ーー日本語で「柊（ヒイラギ）」ーーを指すのです。都市として栄える前、ハリウッド・ヒルズには柊が生い茂っていたのです。

Japanese used to write "Hollywood" with characters that would otherwise be pronounced 「せいりん」(聖林). But this means "*holy* wood" -- only one "L." "Holly" actually refers to a plant often used for Christmas decorations, known in Japanese as 「ヒイラギ」. Holly grew in the Hollywood Hills before they became surrounded by city.

Dialogue

A: Have you seen any movie stars since you've been living here?	**A:** ここに住んでいたら映画スターに会うことある?
B: No, I don't really hang out in the Hollywood area. (To someone across the street) Hi! How's it going?	**B:** いや、ハリウッド近辺ではあまり遊ばないから。(通りの向こう側にいる人に向かって)やあ、元気?
A: Who's that?	**A:** だれなの?
B: Oh, those are my neighbors Brad and Angelina.	**B:** 近所に住んでいるブラッドとアンジェリーナだよ。
A: What?!	**A:** え?

Extra Credit!

これも覚えよう!

「ハリウッド」のサイン

かの有名な「HOLLYWOOD」の標識が設置されたのは、1923年のこと。当時は、自宅開発業者に向けた広告として「HOLLYWOODLAND」(ハリウッドランド)と書かれていました。この標識は、1939年から1949年の間はほったらかしにされていましたが、その後、地域の自治体が補修した際、「LAND」の文字が取り除かれました。その後もさらに古びてきたため、1978年には、すべての文字が新しくなりました。

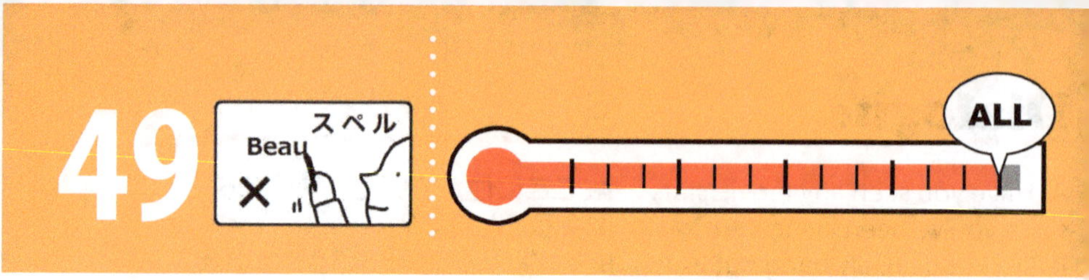

彼はロサンジェルスに住んでいる。

✕ He lives in Los Angels.

正しい英訳

○ He lives in Los Angeles.

カリフォルニア州にある都市の名前の多くは、スペイン語から来ています。この都市の名前の意味は「the angels」（天使たち）ですが、スペイン語の綴りでは、最後の「s」の前に、もう一つ「e」が必要です。

Many California city names are in Spanish. This city's name means "the angels"; The Spanish spelling requires another "e" before the final "s".

Dialogue

A: So how long have you lived in Los Angeles?
B: About two years now.
A: Do you like it?

B: Well, there are lots of things to do here. The problem is that you have to drive to get somewhere.

A: Have you been to Disneyland yet?
B: I went there the first week I was here!

A: それで、ロサンジェルスには住んでどのくらいになるの？
B: もう２年ほどになるな。
A: （ロサンジェルスを）気に入ってる？
B: うん、ここでは色々なことできるからね。どこへ行くにも車を運転しなきゃならないのは問題だけど。
A: もうディズニーランドには行った？
B: ここに来て最初の週に行ったよ！

Extra Credit!

これも覚えよう！

カタカナが起こすもんだい

この間違いの原因は、明らかに、「Los Angeles」がカタカナで「ロサンジェルス」と書かれるためでしょう。普通、「ル」はもとの英語の「L」の文字の後に母音が何も続かないことを表しますが、この場合はそうではありません。日本語で英語の発音をより正しく表すとしたら、ロサンジェレスになるでしょうーー「ル」ではなく、「レ」です。（「Los Angeles」とは、英語の発音とスペイン語の発音は違います！）

50 文法 S✕O MANY

東京の西部に住んでいる。

✕ I live west of Tokyo.

正しい英訳

○ I live in western Tokyo.

つまり、あなたは山梨県に住んでいるということですか？「West of Tokyo」は、東京の外、すなわち東京の西側に位置する場所を表します。例えば、あなたが八王子に住んでいるとしたら、あなたの住まいは「west of Tokyo」ではなく、「western Tokyo」となります。ちょうど「Western movies」（西部劇）が「western United States」（アメリカ西部）を舞台にしているのと同じです――アメリカの西側（west of）では、太平洋劇になってしまいます！

So, do you live in Yamanashi? "West of Tokyo" means that something is outside of Tokyo, to the west of it. So if you live in, for example, Hachioji, you don't live *west of Tokyo*, you live *in western Tokyo*. Just like "Western" movies happen in the western United States -- not west of it, in the Pacific Ocean!

Dialogue

A: I live in Tachikawa.
B: Isn't that west of Tokyo?
A: No! It's in western Tokyo.
B: I thought Tokyo was just the 23 wards.
A: Technically, the western suburbs are part of Tokyo. Don't say that we're "west of Tokyo"!

A: 僕は立川に住んでいるよ。
B: そこって東京の西側じゃない？
A: 違うよ！東京の西部だよ。
B: 東京って２３区だけなのかと思ってたわ。
A: 正式な区分では、西部の郊外も東京の一部なんだよ。僕たちの住む土地が東京の西の外だなんて言わないで！

Extra Credit!

これも覚えよう！

「southern」の発音

Naturally, we also say "eastern", "northern", and "southern".

西部の他にもちろん、「eastern」（東部）、「northern」（北部）、「southern」（南部）もあります。「northern」と「southern」の場合、「south」、「north」の後に「ern」が続くと、「th」が有声音に変化します。また、「southern」の場合は、母音が「south」の [au] から、「rug」（敷き物）と同じ [uh] という音に変化します。

51

How was your summer vacation?（夏休みはどうだった？）

軽井沢に行ったんだ。

✕ I went to Karuizawa.

正しい英訳

○ It was great! I went to Karuizawa.

確かに、最初の英文の答え方には文法的な間違いはありません。問題は、「質問に答えていない」ということです！ネイティブスピーカーが「How was～」（…はどうだった？）と質問する時は、何らかの評価が返ってくることを期待しています。例えば、「It was great.」（素晴らしかった）、または「It wasn't so good.」（あまりよくなかった）というように。もちろん、この後に続けて、何をしたか説明するのは問題ありません。

No, there's nothing wrong with the grammar of this answer. The problem is that it doesn't answer the question! When native English speakers ask "How was ~", we are expecting to hear some assessment, such as "It was great", or "It wasn't so good". Of course, you can follow this with a description of what you did.

Dialogues

A: Hi, Bob! How was your vacation?
B: Oh, it was pretty good.
A: What did you do?
B: My wife and I went to Los Angeles. We toured Universal Studios and saw the usual Hollywood landmarks.
A: That sounds great!

A: やあ、ボブ！休暇はどうだった？
B: ああ、なかなかだったよ。
A: 何をしたの？
B: 妻と一緒にロサンジェルスに行ったんだ。ユニバーサル・スタジオに行って、いわゆるハリウッドの名所を見て回ったよ。
A: 素晴らしいじゃないか！

C: Hi, Don, how's it going?
D: OK, and yourself?
C: Just fine. How was your weekend?
D: Oh, not bad. Just stayed home and watched TV.
C: Yeah, good to relax after a busy week.
D: That's for sure. Last week was horrible.
C: I hope this week's better!

D: It has to be. I worked twenty hours of overtime last week.
C: Me, too. Oh, I watched the Yankees game last night.
D: How was it?
C: Not so good. They lost.

C: やあ、ドン、調子はどう？
D: まあまあかな、君は？
C: いい調子だよ。週末はどうだった？
D: ああ、悪くなかったよ。ただ家にいて、テレビを観ていたんだ。
C: うん、忙しい一週間の後の骨休めには最高だね。
D: まったくその通り。先週は大変だったからね。
C: 今週は楽になるといいんだけど！
D: そうじゃなきゃね。先週なんて、20時間も残業したんだから。
C: 僕もだよ。ああ、昨日はヤンキースの試合をテレビで見たよ。
D: どうだった？
C: だめだったよ。負けちゃったんだ。

52

ヒューストンでの会議が終わったら、サクラメントに移動します。

× After the meeting in Houston, I will move to Sacramento.

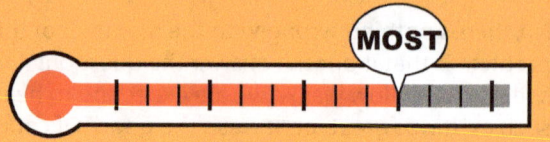

正しい英訳

○ After the meeting in Houston, I will go to Sacramento.

この間違いは、ある生徒が、勤務先の会社のヒューストン支社の社員にあてたEメールの中で書いたものです。彼は、サクラメント支社に寄ると伝えたかったのですが、そのアメリカ人の同僚は、彼が日本からサクラメントに転勤になると思ったのです！「移動する」は確かに

「move」ですが、その後に「to + 他名」が続く場合は、「引っ越す」という意味になるのです。

One of my students wrote this in an e-mail to someone in his company's Houston office. He meant that he would visit the Sacramento office, but his American colleague assumed that my student was being transferred from Japan to Sacramento! 「移動する」 does mean "move," but when followed by "to (place name)," "move" means 「引っ越す」.

Dialogue

A: What is the plan for your business trip?
B: Well, my first stop is in Munich, Germany. I'll visit our branch office there for three days. Then I'll go on to London.
A: I worked in London for three years. I really enjoyed it. I was kind of sorry to have to move back to Japan!
B: Really? I might be transferred there next year.

A: 出張はどんなスケジュールなの？
B: そうだな、最初の目的地はドイツのミュンヘン。そこで3日間、会社の支局に通うんだ。それからロンドンへ向かうよ。
A: 私はロンドンで3年間働いたわ。とても楽しかった。日本に戻らなきゃならないのが残念だったほどよ！
B: 本当に？来年、そっちへ転勤になるかもしれないんだ。

Extra Credit!

これも覚えよう！

短期間の訪問です

もしあなたが、新しい場所に住まいを移すのでなければ、「move to～」とは言わないように気をつけましょう。「go to」と言ってもよいですし、「visit」など、代わりに使える表現は他にもいくつかあります。

53

私は地球の平和を願う。

× I wish for piece of earth.

正しい英訳

○ I wish for peace on Earth.

大きなカケラがほしいのですか？

ここでは、「peace」（平和）の綴りが間違っているうえ、誤った前置詞（of）を使っているため、意味がまったく変わってしまっています。多くの日本人が、この２つのうちの片方、あるいは両方とも間違えます。

Do you want a big piece?

Misspelling "peace" plus using the wrong preposition ("of") combine to completely change the meaning. Many Japanese make one or both of these mistakes.

Dialogues

A: I wish there could be peace on Earth.
B: There are so many wars. Especially in the Middle East and Africa.
A: Yes, a big piece of the world is dominated by war and violence.

C: Would you like a piece of cake?
D: Sure.
C: Would you like it on a plate or in a bowl?
D: In a bowl. With ice cream!

A: 地球が平和になればいいのに。
B: 数多くの戦争が起きているよね。特に、中東とアフリカでは。

A: そう、世界の大部分は戦争と暴力に支配されているわ。

C: ケーキを一切れいかが？
D: もちろんいただくよ。
C: お皿とボウル、どっちがいい？
D: ボウルにして。アイスクリームもつけてね！

Extra Credit!

これも覚えよう！

農作物は土の中で育つ

"Earth" can also mean "soil" or "dirt", especially when it's used for growing crops.

「earth」は、特に農作業について表す場合には、「土」や「泥」といった意味でも使われます。また、地球が太陽系の惑星の一つであると分かる以前は、「earth」は「人類が住む場所」という意味でも使われていました。惑星の名前（地球）を指す場合には、ふつう、先頭の「e」を大文字で書きます。

54

2006年のワールドカップは、ドイツで開催されました。

✕ The 2006 World Cup was played in German.

Guten Tag! Wie geht es Ihnen?
Ich bin sehr gut! Entschuldigen Sie bitte!
5

正しい英訳

◯ The 2006 World Cup was played in **Germany**.

試合中にドイツ語を話さなければいけなかったとしたら、他国のチームにとっては大変だったでしょうね！「German」は言語で、「Germany」は国を表すという点を間違えないようにしてください。

It might have been difficult for the other teams if they had had to speak German while they were playing! Don't get confused: "German" is the language, "Germany" is the country.

Dialogue

A: I studied German when I was in high school.
B: Really? You went to high school in Germany?
A: No, in America! I only studied the German language.

A: 高校生の時にドイツ語を学んだんだ。
B: 本当?ドイツで高校に通ったってこと?
A: いや、アメリカだよ!ドイツの言葉を学んだだけさ。

Extra Credit!

これも覚えよう!

フランス語でサッカー!?

I have found that many Japanese make the same mistake regarding "France" and "French".

私は、多くの日本人が、「France」(フランス)と「French」(フランス語)についても同じように間違えることに気付きました。「France」は国で、「French」は言語です。「French」はまた、「The French are known for their love of wine.」(フランス人は、ワインを愛することで有名だ)というように、「フランスの人々」という意味もあります。しかし、「ドイツ人」を表す場合は英語では、「the German」よりも(複数形の「s」をつけて)「the Germans」と言うことが多いのです!

55

私は泳ぎに行きます。

✕ I will go to swimming.

正しい英訳

◯ I will **go swimming**.

「水泳」って、地図の上ではどこにあるのでしょうか!?

「swimming」や「shopping」のような単語は、現在進行形と呼ばれます。これらの前に、前置詞「to」を置く必要はありません。上の間違った英文では、あなたが「swimming」という名の場所に行こうとしているかのように聞こえてしまいます！

Where is "swimming" on the map?!

Words such as "swimming," "shopping," etc. are present participle verb forms. They do not need to be preceded by "to." If you use the sentence above, it sounds as if perhaps you think that "swimming" is a place!

Dialogue

A: Where have you been?
B: I went swimming. Why?
A: We were supposed to go shopping!
B: Sorry, Mom, I forgot.
A: You need some new clothes before you go to Japan.
B: Well, we can go to the mall this afternoon.
A: Maybe, but I'm going bowling with my friends at 3.
B: Wow, I go to Japan next week. I've never been overseas before.

A: どこに行ってたの？
B: 水泳よ。なんで？
A: 一緒に買い物に行く予定だったじゃない！
B: ごめん、ママ。忘れてた。
A: 日本に行く前に新しい服が必要でしょう。
B: それじゃ、今日の午後にモールに行くのはどう？
A: そうね。でも今日は3時に友達とボウリングに行くのよ。
B: ああ、来週には日本へ行くのよ。海外はこれが初めてよ。

Extra Credit!

これも覚えよう！

「to」は必要ない。

「abroad」や「overseas」といった副詞の前にも、「to」は必要ありません。これらは、どこか特定の場所を表すものではないので、「go to」とは言わないのです。

X I will go to abroad. 私は海外という場所にいきます。
O I will go abroad. 私は海外に行きます。

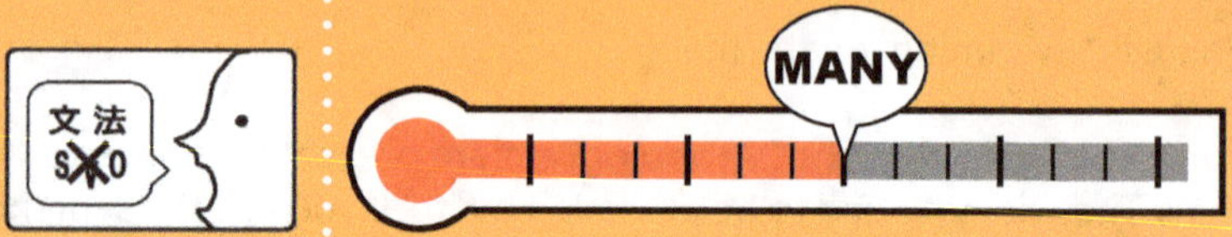

56 みんなで一緒に神社に行こうよ！

✕ Let's go to the shrine with me!

正しい英訳

○ Let's go to the shrine together!

「Let's」は、「let us」（私たち、…しましょう）を省略したもの。ですから、「let's go with me」では、あなたと一緒に行く誰かの他に、あなた自身も誘っているという意味になってしまうのです！以前、ある生徒が、学校で「with me」は「一緒に」という意味だと教わったから、「let's go with me」と言ったのだと話してくれました。それ自体は間違いではありませんが、「let's」と組み合わせるとおかしな響きになってしまいます。「一緒に」の訳は「together」であると覚えておいた方がよいでしょう。

"Let's" is short for "let us". Therefore, "let's go with me" means that you are inviting someone to go with you...and yourself! A student once told me that she said "let's go with me" because she was taught that "with me" was the translation of「一緒に」. That's not wrong, but together with "let's" it sounds strange. It's better to think of "together" as the translation for「一緒に」.

Dialogue

A: Do you have any plans for this weekend?
B: No, I don't. Why?
A: I'm going to an orchestra concert. Would you like to go with me?
B: OK, that sounds fun! We could have dinner together before the concert.
A: That sounds good.

A: 今週末は何か予定ある？
B: ううん、ないよ。何で？
A: オーケストラのコンサートに行く予定なの。一緒に来ない？
B: うん、面白そうだね！コンサートの前に、夕飯を食べてもいいね。
A: それがいいわ！

Extra Credit!

これも覚えよう！

「神社」と「お寺」

Japan's religions in English

英語では、神社を「shrine」、寺を「temple」と呼びます。神社は神道のものであり、お寺は仏教のものです。「temple」はまた、ユダヤ教の礼拝堂のことも指します。

57

図書館から本を借りた。

✕ I rented a book from the library.

正しい英訳

○ I **borrowed** a book from the library.

「rent」と「borrow」はどちらも「借りる」と訳されるため、日本人の中には、これら2つの単語は同じ意味だと勘違いしている人もいるようです。違いは、「rent」が金銭の支払いを含むということ。図書館の本は無料で借りられますから、このような場合、「rent」は不自然に聞こえます。

Because "rent" and "borrow" can both be translated as「借りる」, some Japanese mistakenly think that those two words mean the same thing. The difference is that "rent" involves paying money. Library books can be borrowed for free, so "rent" sounds strange in this case.

Dialogue

A: I'd like to borrow this book, please.
B: OK, may I see your library card, please?

A: この本を借りたいのですが。
B: はい、図書館の貸出カードを見せていただけませんか？

Extra Credit!

これも覚えよう！

lend と borrow にまつわるクイズ

Choose the correct word in each sentence.

次のそれぞれの文の中で、正しい単語を選びましょう。

1. I went to TSUTAYA and (rented / lent) a video.
TSUTAYAに行ってビデオを借りた。

2. I want to (loan / borrow) a pencil, if I may.
出来れば、鉛筆を借りたいのですが。

3. He went to the bank and got a (rent / loan) to start his business.
彼は銀行へ行き、事業を興すための融資を得た。

4. Be careful who you (borrow / loan) money from.
お金を借りる相手を選びなさい。

5. The library (lends / borrows) books to people at no charge.
図書館は、人々に無料で本を貸してくれる。

Answers: 1.rented 2.borrow 3.loan 4.borrow 5.lends

58

言い

MANY

お願いですから１万円を**貸してく**れませんか？

✕ Could you please borrow me ¥10,000?

Could you please borrow me 10,000 yen?
?
or

正しい英訳

◯ Could you please **lend/loan** me ¥10,000?

◯ Could I borrow ¥10,000 from you?

「lend」と「loan」は、どちらも「返してもらうことを前提に、他の誰かに一時的に何かを使ってもよいと許可する」という意味です。（「loan」を動詞として使うのは、イギリスよりもアメリカの方が多いです)。「borrow」はその逆で、「後で返すことを前提に、誰かから一時的に何かを受け取る」という意味です。

"Lend" and "loan" both mean "to allow someone else to use something temporarily, expecting to receive it back from them." ("Loan" is more often used as a verb in America than in Britain.) "Borrow" is the opposite: "to receive something from another person to use temporarily and then return."

Dialogue

C: That will be $43.25, please.	**C:** ４３ドル２５セントです。
B: Uh-oh, I'm a little short. Paul, can you loan me two dollars?	**B:** ありゃりゃ、ちょっと足りないな。ポール、2ドル貸してくれないか?
P: Well, let's see. Yes, I've got two dollars I can lend you.	**P:** ああ、ちょっと待って。うん、2ドル貸せるぞ。
B: Thanks. I'll pay you back tomorrow.	**B:** ありがとう。明日返すよ。
P: OK. But what about the ten dollars you borrowed last week?	**P:** 分かった。でも、先週君に貸した１０ドルはどうなった?
B: Uh... oh, yeah. I forgot.	**B:** あ…ああ、そうだった。忘れてたよ。
P: So you owe me twelve dollars now.	**P:** つまり、君は僕に１２ドルの借りがあるってことだよ。

Extra Credit

これも覚えよう!

ローンが必要

"Loan" is also used as a noun

もちろん、「loan」はイギルス英語でもアメリカ英語でも、名詞としても使われます。「I need ¥10,000. Could you give me a loan?」(1万円必要なのです。貸してもらえませんか?)といった具合です。

59

He picked all the apples.

✕リンゴを全部拾った。

正しい和訳

○リンゴを全部採った。

私が生徒たちにテストをした時、何人かが、この例文における「picked」の意味を間違えていました。彼らは、「pick up」（拾う）と勘違いしてしまったようです。ここでの「pick」は、木や茎に実をつけている果物や野菜を採取する摘み取るという意味です。

When I quizzed my students, I found that some of them misunderstood "picked" in this sentence. They confused it with "pick up"「拾う」. "Pick," in this case, means to pull a fruit or vegetable off the tree or plant on which it grew.

Dialogue

A: What kind of summer jobs did you have as a student?
B: I had a job once where I had to pick strawberries. That was hard work!
A: Doesn't sound like the kind of job I'd pick!

A: 学生時代、夏休みのバイトはどんなことをしてたの？
B: 一度、イチゴ摘みの仕事をしたことがあるな。あれは大変な仕事だった！
A: 僕がやりたいと思うような仕事じゃなさそうだな！

Extra Credit!

これも覚えよう！

"pick" にまつわる表現

pickには、他にも色々な意味があります。そのいくつか例を紹介します：

- to choose ("pick your favorite flavor")
  選ぶ（例：お気に入りのフレーバーを選ぶ）

- small piece of plastic for strumming a guitar
  ギターをかき鳴らすための小さなプラスチックのかけら＝ピック

- to gradually remove something in small pieces ("pick meat from bones")
  あるものを少しずつ、小さな固まりごとに取り除くこと（例：肉を骨から切り離す）

- to probe ("picking teeth with a toothpick")
  探る（例：つまようじで歯をほじる）

- to open a lock with something other than the key
  鍵以外の何かを使って錠を開ける

60

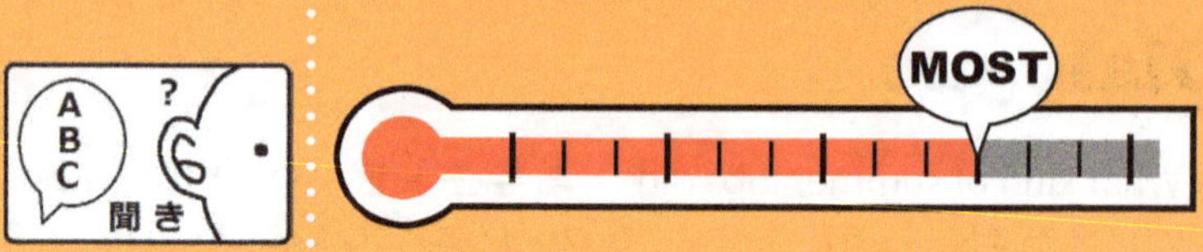

He picked all the apples on his own.

✕ 彼はすべてのリンゴを自分のために摘み取った。

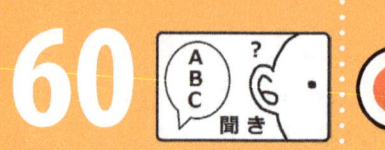

正しい和訳

○ 彼はすべてのリンゴを一人で摘み取った。

上の間違った日本語を翻訳するならば、「He picked all the apples for himself.」となります。何かを「on your own」でするということは、助けを借りずに自分でするという意味です。

The Japanese at the top of this page would be translated as "He picked all the apples for himself." To do something "on your own" means to do it by yourself, without help.

Dialogue

A: So Sam is living on his own now?
B: Yes, he moved out of his parents' house after he got that great job.
A: I'd like to be able to live by myself. I don't have much privacy living with Mom and Dad. I'd like to feel more independent.

B: Why don't you move out?
A: I can't find a good enough job. Can you help me?

B: Sorry, I think you'll need to do it on your own. I don't have much free time.

A: それで、サムは今、自活しているの？
B: うん、彼はいい仕事に就いた後、両親の家から引っ越したんだ。

A: 私も一人暮らしができるようになりたいわ。お母さんやお父さんと一緒に住んでいると、あまりプライバシーがないんだもの。自立したいのよ。
B: 引っ越したら？
A: それができるだけのいい仕事が見つからないのよ。力を貸してくれない？
B: ごめん、それは君が自分でやらなくちゃいけないと思う。あまり自由になる時間もないし。

Extra Credit!

これも覚えよう！

"own" の別の用法

In "on his own", the word "own" is considered to be a pronoun.

「自力で」という場合の「own」は、代名詞として使われていると考えられます。「own」は「I own a car.」「私は車を持っています」というように、所有を表す動詞にもなり得ます。また、「I picked my own apples.」「自分のリンゴを採った」というように、形容詞としても使われます。

61 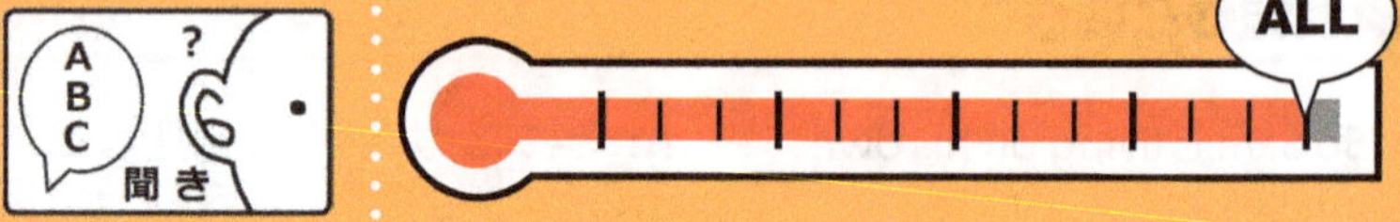

That's my apple! Let go of it!

✕ 俺のリンゴだ！あっちへ行け！

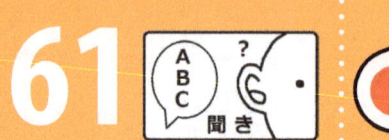

正しい和訳

○ 俺のリンゴだ！放せ！

上の英文をよく見てみてください。「let go」であって、「let's go」ではありません。これは、何かを手元から放すという意味です。よく、おもちゃをめぐってケンカしている子どもたちがこう言っているのを聞きます。あるいは、誰かが高いところから救出されている最中で、何かにつかまっているとしたら、救出隊員は「Don't let go!」（手を放すんじゃないぞ！）と言うでしょう。

Look at the above English closely: That's "let go," not "let's go." It means to release something, to no longer keep it. You often hear this from children who are fighting over a toy. Or, if someone is being rescued from a high place where they are holding on to something (so that they don't fall), the rescuers might say, "Don't let go!"

Dialogue

A: What's wrong?
B: I lost my pet lizard. I was outdoors holding him. I happened to let go of him at the wrong time, and he ran away.

A: That's too bad.
B: Ooh, I'm so angry at myself.

A: I understand, but you have to let go of those feelings.

A: どうしたの？
B: ペットのトカゲがいなくなったんだ。外で抱いていたんだけど。たまたまタイミングの悪い時に放してしまって、走って逃げてしまったんだ。
A: それは残念。
B: ああ、自分が本当にムカツクよ。
A: わかるわ、でもそういう気持ちはどこかにやってしまわなきゃ。

Extra Credit!

これも覚えよう！

忘れることは難しい

"Let go" can also be used in a figurative sense.

「let go」は、比喩的な意味合いでも使うことができます。例えば、もし以前に起こった何か——例えば親類の死や、何か違った形の別離など——が、未だにあなたを悩ませている場合には、人々はあなたが「have difficulty "letting go"」([苦しみに]整理をつけるのに苦労している) と言うかもしれません。

QUIZ Part 3

以下の日本語を英語にしてみましょう！答えは182ページにあります

1. 会社の友達と一緒に海外に行った。

ヒント　「私と」って、当たり前でしょう。

2. 図書館まで歩いて行って、本を借りました。

ヒント　「借りる」は何と言う？

3. 一緒にロサンジェルスに行きましょう。

ヒント　「一緒に」は…

4. 港区に住んでも八王子市に住んでも、私たちは同じ都民です。

ヒント　同じと言っても、まったく同じではないよね。

5. 彼はすごく意地悪だから、私は怖い。

ヒント　scared か scary か、どっち!?

第4章
どっちが正解？いつもわからなくなる表現

数や時間に関してもマチガエやすい表現が多く使われています。「ここにもう1時間いよう」、「大統領はもう一つの素晴らしいスピーチをした」、「彼は夜中に私に電話した」、「納豆を食べるのはこれが初めてです」、「私は2週間の休暇をとります」など、マチガイなく言えますか？

1 数量… p. 142

時… p. 162

62

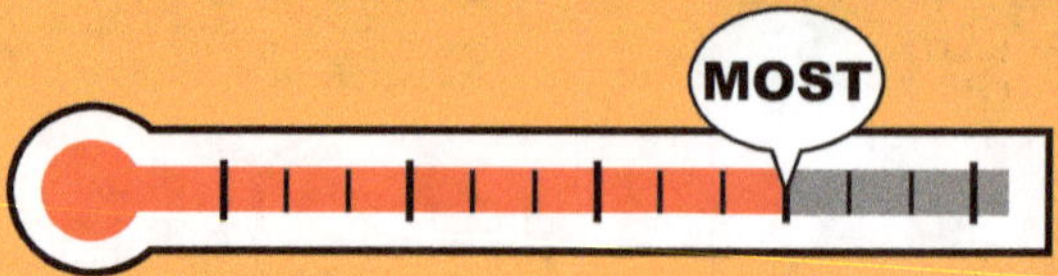

あなたの赤ちゃんはとてもかわいい。

× Your baby is very pretty.

正しい英訳

○ Your baby is very cute.

日本人の多くは、「かわいい」の訳は「pretty」であると信じているようです。しかし、これが当てはまるのは、花について話している時(「かわいい花」)だけのように思います。それ以外の場合は、「pretty」の訳は「きれい」となります。赤ちゃんや小動物などに対しては、「cute」と言いましょう。

It seems that most Japanese believe that「かわいい」means "pretty". However, I have found this to be the correct translation only when talking about flowers (かわいい花). Otherwise, "pretty" should be translated as「きれい」; babies, small animals, etc. are *cute*.

Dialogues

A: This is my new dog, Sam.
B: Oh, he's so cute! Hi, Sammy!

A: これが私の新しい犬、サムよ。
B: わあ、とってもかわいいね！こんにちは、サミー！

C: What a pretty sunset.

D: Yes, it's beautiful.

C: なんてきれいな夕陽なのかしら。
D: うん、美しいね。

Extra Credit

これも覚えよう！

彼女は美しい？きれい？それともかわいい？

A "pretty" woman is probably not as awe-inspiring as one who is "beautiful."

女性が「beautiful」であると聞けば、非常に魅力的なのだろうと想像します。「beautiful」な女性は素敵な洋服を着て、きちんと化粧をしていると思っても良いでしょう。でも必ずしもそうではないかも知れません。「beauty」は、女性の考えや行動にも表れます。内面が美しいかも知れません。「pretty」な女性はおそらく「beautiful」な女性ほどの息をのむ驚きはないでしょう。「prettiness」も服装や化粧によって高められますし、おそらく「beauty」よりもその傾向が強いでしょう。「cute」はもちろん「若い」というニュアンスを含みます。日本語の「かわいい」と同じように、子供や小動物を形容するときや優しく若々しい女性（少なくとも若く見える女性）に対しても使われます。ただし、日本語では年配男性に対しても「かわいい」と言うことがありますが、英語で「cute」と言うことはまずありません。その代わりに多分「sweet」の方を使います（「a sweet old man」）。

63

These apples are pretty good.

✕ このリンゴは少しおいしい。

正しい和訳

〇 このリンゴはかなりおいしい。

私の生徒の何人かが、「pretty」には小さなものを表す「かわいい」という意味があるので、「pretty」を「少し」(または「ちょっと」)と訳したと言っていました。しかし、ここでの「pretty」は、実は「かなり」という意味なのです。

Several of my students told me that they translated "pretty" as 「少し」(or 「ちょっと」) because they believed that "pretty" also means 「かわいい」, a word which implies that something is small. However, "pretty" actually means 「かなり」 in this case.

Dialogue

H: Wow, honey, this lasagna is absolutely delicious!
W: Thanks. How do you like the salad?
H: It's pretty good. You worked pretty hard on this meal, didn't you?
W: I'm just glad you like it.

H: おお、ハニー、このラザニアは本当においしいよ！
W: ありがとう。サラダはどう？
H: これもなかなかだな。この食事には相当手をかけたんだろう？
W: あなたに気に入ってもらえただけでうれしいわ。

Extra Credit!

これも覚えよう！

「なかなかよい」は「とてもよい」？

The nuance of "pretty" changes depending on the intonation.

「pretty」の持つニュアンスは、イントネーションによって変わります。例えば、確かが「It's pretty good.」と言った場合、「good」に強調がおかれていれば、その人が好意的な感想を持っていることを表します。しかし、「pretty」を強調した場合は、その人にとって何か好ましくない要素があることを表し、「pretty good」（なかなかよい）ではあっても、「very good」（とてもよい）ではないという意味になります。

1

64

彼はほとんどのリンゴを食べた。

✕ He ate almost of the apples.

正しい英訳

〇 He ate **most of** the apples.

〇 He ate **almost all of** the apples.

ほとんどの日本人はこの間違いをするようです。問題は多くの日本人が、「almost」の意味を「ほとんど」と習うことです。正確には（数量的に）「ほとんど」と言いたいのなら、「almost all」または「most」です。

It seems that almost all Japanese make this mistake! The problem is that many Japanese are taught that "almost" means 「ほとんど」, but it's more accurate to say that 「ほとんど」 means "almost all" or "most".

Dialogue

A: So how did you do on the test?
B: I got most of the answers right. Almost perfect!
A: Wow, must be nice. I got almost all of them wrong.
B: Why? Didn't you study?
A: Um, no, not much. I spent most of last night playing video games.

A: ところで、試験はどうだった？
B: ほとんどの答えは正解だったよ。もう少しでパーフェクトさ！
A: わあ、それはすごいね。僕はほとんど全部間違いだったよ。
B: どうして？勉強しなかったの？
A: うん、あまりしなかった。昨夜はほとんどずっとテレビゲームをしてたんだ。

Extra Credit

これも覚えよう！

「most」「almost all」の後に「of」が必要なのはどんなとき？

人や物の集まりが特定されない時には、「of」は必要ありません。
Most Japanese eat rice every day.
(ほとんどの日本人は毎日お米を食べます。)
Almost all dogs are friendly.
(ほとんどの犬は人懐こい。)

特定の集まりを指す場合には、「of」が必要です。
Most of the people I know eat rice every day.
(私が知っているほとんどの人は毎日お米を食べます。)
Almost all of his dogs are overweight.
(彼の犬はほとんどすべて太り過ぎです。)

「of」の次に直接名詞を置くことはありません。「the」または他のなにか名詞を修飾する単語が続きます。
X Most of people are friendly.
O Most people are friendly.
O Most of the people here are friendly.

65

I almost spilled the tea.

✕お茶をほとんどこぼしてしまった。

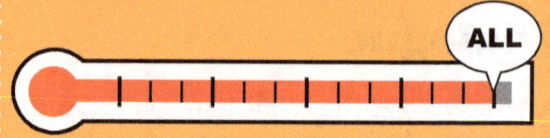

正しい和訳

○あと少しでお茶をこぼすところだった。

1つ前の章で説明したように、「ほとんど」は「almost」と同義ではありません。「almost」は、「nearly」（もう少しで～）、つまり何かが起こりそうだったけれども、起こらなかったという意味です。つまり、この例文の場合は、お茶をこぼしそうだったけれども、実際にはこぼさなかったという意味になります。

As mentioned in the previous chapter,「ほとんど」does not equal "almost." "Almost" means "nearly"; something came close to happening, but did not happen. Thus, this sentence means that you came close to spilling the tea, but did not actually spill it.

Dialogue

A: So how did you do on the final exam?
A: ところで、期末試験はどうだった？

B: A lot better. I studied this time.
B: （前より）ずっとよかったよ。今回は勉強したからね。

A: That's good. You almost failed the course.
A: それはよかった。もう少しで落第するところだったもんな。

Extra Credit!

これも覚えよう！

二択クイズ

Choose the correct word in each sentence.

次のそれぞれの文の中で、正しい単語を選びましょう。

1. I watch TV (most / most of) evenings.
私は、ほとんど毎晩テレビを観る。

2. I (almost / mostly) ate an insect; if it hadn't moved, I would have eaten it.
もう少しで虫を食べてしまうところだった。もう虫が動かなかったら、食べてしまっていたよ。

3. It is (most of / almost) time for the news.
もうそろそろニュースの時間だ。

4. I have finished (almost / most of) the work.
仕事のほとんどを終えた。

Answers: 1. most 2. almost 3. almost 4. most of

66

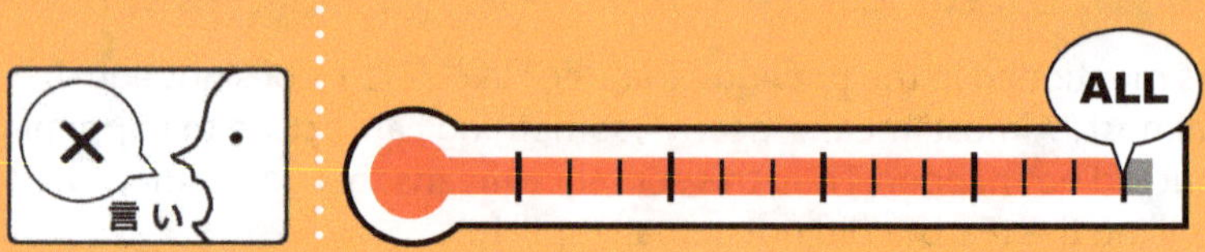

納豆と豆腐なら、どちらの方が好き？

✕ Which do you like, natto or tofu?

正しい英訳

○ **Which do you prefer**, natto or tofu?

○ **Which do you like better**, natto or tofu?

この文の不自然なのは、相手が選択肢のどちらかを必ず好きで、もう一方を必ず嫌いであるはずだという意味に聞こえてしまうためです。納豆と豆腐のどちらも好きな場合は、どうすればよいのでしょう？

This sentence sounds a bit strange, because it implies that you must like one of the choices and must not like the other one. What if I like both natto and tofu? What if I hate both of them? You're not asking the listener to make a choice here; rather, you're asking for a preference.

Dialogue

A: Which band do you like better, the Beatles or the Rolling Stones?
B: Wow. Tough question. I guess I like the Beatles better.
A: Me, too. All four Beatles were so talented. They changed music history! I like them better than any other band.

A: ビートルズとローリングストーンズ、どっちのバンドが好き？
B: わあ。難しい質問ね。ビートルズの方が好きかな。
A: 僕も。4人とも本当に才能あったね。音楽の歴史を変えたよ。他のどのバンドよりも彼らが好きだな。

Extra Credit!

これも覚えよう！

翻訳の違い

Of course, "Which do you like?" is a direct translation from Japanese 「どっちが好きですか？」.

「Which do you like?」はもちろん、日本語の「どっちが好きですか」を直訳したものです。私はいつも、なぜ日本人は「どっちがより好きですか」と言わないのだろうと疑問に思っていました！英語を話す者としては、その方が理になっているような気がするのです。

67

Are there any apples left?

✕ 左側にリンゴはありますか。

正しい和訳

○ 残っているリンゴはありますか。

「x」の日本語を英語にすると、「Are there any apples on the left?」となります。しかし、ここでの英文にある「left」は、「right」(右)の反対を意味するのではなく、「残っている」という状態を表します。この「left」は、「leave」の過去分詞形が形容詞として使われているものです。

The Japanese in the "X" sentence actually means "Are there any apples on the left?" But "left" in the above English sentence doesn't mean the opposite of "right", it means "remaining". This "left" is the past participle of "leave" being used as an adjective.

Dialogues

W: What time do you have to leave?
H: I've got another ten minutes.
W: You don't have much time left to eat.
H: That's OK, I'll just have some leftovers. What's in the fridge? (fridge = refrigerator)
W: There are hot dogs left over from last night.

妻：何時に出発するの？
夫：あともう１０分あるよ。
妻：食事をする時間はあまり残っていないわね。
夫：大丈夫だよ、残り物を少し食べていくから。冷蔵庫には何がある？
妻：昨夜の残り物のホットドッグがあるわ。

A: How many flares do we have left?
B: Just two. I won't shoot one till I'm sure there's a ship or plane nearby.
A: I never dreamed we'd get left behind on this island.
B: That tour company is terrible!

A: 照明弾はあといくつ残っている？
B: ２つだけ。近くに船か飛行機がいると確実に分かるまでは、一つも打ち上げないつもりだよ。
A: まさか自分たちがこの島に取り残されるなんて、想像もしなかったよ。
B: あのツアー会社は最低だな！

Extra Credit!

これも覚えよう！

「left」を使ったよくある表現

- left behind（動詞）：置いていかれた；忘れられた、捨てられた
- left out（動詞）：（本来入るべきものが）忘れられた
- left over（形容詞）：（主に食べ物が）消費されずに／使われずに残った状態

68

文法 S V O

SOME

約900人の観客がいる。

✕ There are about 900 audience.

正しい英訳

○ There are about 900 people in the audience.

「audience」は、何かを観たり聞いたり読んだりする人々の集まりのことです。そのうちの1人だけを意味するわけではなく、不可算名詞でもありません。今夜の舞台やコンサートの観客は明日の観客とは異なり、2つの別々の「audiences」ということになります。

An audience is a group of people who are watching, listening to, or reading something. It does not mean only one member of that group, and it is not an "uncountable" noun. Tonight's audience for a play or concert is a different group from tomorrow night's; they are two separate **audiences**.

Dialogue

A: I heard you're in the school play.
A: 学校の劇に出演しているって聞いたよ。

B: Yeah! It's really fun.
B: うん、すごく楽しいの。

A: It's a comedy, right? How has the audience reaction been?
A: コメディーなんでしょ？観客の反応はどう？

B: It's interesting. The Thursday night audience didn't laugh as much as Friday night's.
B: 面白いのよ。木曜日のお客さんは金曜日ほど笑っていなかったの。

A: I guess people aren't as relaxed on Thursday night.
A: 木曜の夜はそれほどリラックスしてないってことじゃないかな。

B: Yeah. It's interesting to see the difference between audiences. By the way, did you hear what happened at the play last night?
B: ええ、観客の違いを見るのは面白いわ。ところで昨夜何があったか聞いた？

A: Yes! A member of the audience got sick?
A: うん、観客の1人の具合が悪くなったこと？

B: Well, a woman stood up at the intermission and suddenly fainted. Someone called an ambulance, but she was awake before it arrived.
B: 女性が休憩時間に立ち上がって、突然気絶したの。だれかが救急車を呼んだけど、到着前に彼女の意識は戻ったわ。

A: Sounds like she has low blood pressure.
A: 低血圧だったみたいだね。

Extra Credit!

これも覚えよう！

ほかの集合名詞

GROUP	ONE IS...
Crowd	a member of the crowd
Staff	a staff member/a staff（この意味で複数形だと："five staff"となる）
Family	a family member
Panel	a panelist/a member of the panel
Group	a member of the group
Police	a police officer
Team	a team member/a teammate
Orchestra	a member of the orchestra

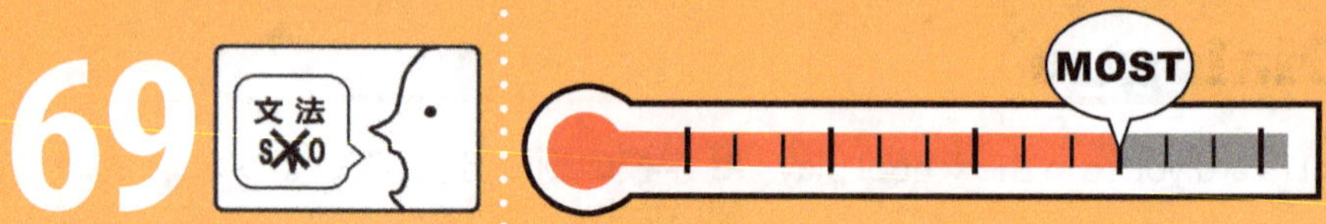

ここにもう1時間いよう。

✕ Let's stay here more one hour.

正しい英訳

○ Let's stay here one more hour.

日本語では、「もう1時間」と言いますが、英語の語順では、moreが数字の後に続くのです。もう一つ、「Let's stay here another hour.」のように言ってもよいでしょう。あと3時間その場所にいたい場合は、「Let's stay another three hours.」と言うことができます。

In Japanese you would say「もう一時間」. In English word order, however, the "more" comes after the number. Another option is to say, "Let's stay here for another hour." If you wanted to stay "three more hours", you could say, "Let's stay another three hours."

Dialogues

B: Hey, sis, how much longer are you going to be in the bathroom?
S: Sorry, just give me ten more minutes.
B: Ten more minutes! I can't wait another ten minutes!
S: Sure you can! Hang on!
B: I sure wish we had another bathroom!

弟:おい、姉貴、いつまでトイレにいるつもりなんだよ?
姉:ごめん、もうあと10分だけいさせてちょうだい。
弟:あと10分だって!あと10分なんて待てないよ。
姉:待てるでしょう!待っててよ!
弟:本当に、もう一つトイルがあったらいいのに!

C: Mom, can I have another piece of cake?
M: Well...how many have you had?
C: Just three.
M: Three! And you want one more?
C: Please?
M: Well, OK, but a smaller one this time.

子ども:ママ、もう1つケーキ食べていい?
母親:ええと…今までいくつケーキを食べたの?
子ども:3つだけだよ。
母親:3つも!その上もう1つ欲しいの?
子ども:ダメ?
母親:まあ、いいわ。でも今回は小さいのよ。

Extra Credit!

これも覚えよう!

コミュニケーション

もしあなたが「more one hour」と言ったとしても、ネイティブスピーカーは恐らく理解してくれるでしょう。でもやはり、正しく言った方がよりよい英語を話す人だと思われますよ!

70

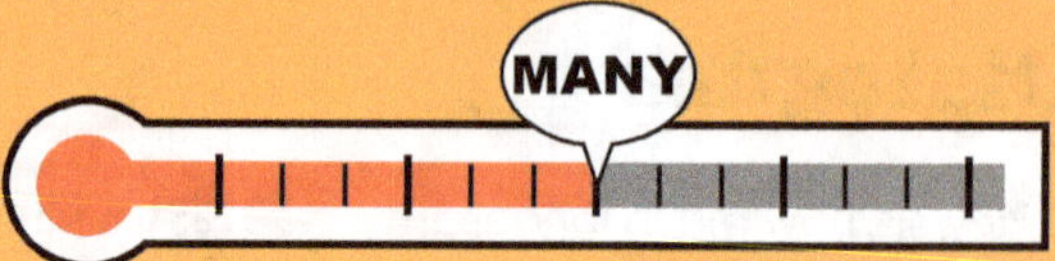

大統領は**もう一つ**の素晴らしいスピーチをした。

✕ **The president gave the another great speech.**

正しい英訳

〇 **The president gave another great speech.**

「another」という単語は、実は「an」と「other」の組み合わせです。もちろん「an」は不定冠詞ですから、定冠詞である「the」を一緒に使うことはありません。それは、「the an apple」と言うのと同じくらい不自然です。

The word "another" is actually a combination of "an" and "other". Of course, "an" is an indefinite article, so there's no reason to use the definite article "the" together with it. It's just as strange as saying "the an apple"!

Dialogue

A: Did you hear that Matsui hit another home run today?
B: Wow, that's great! If he hits one more, he'll beat his record from last year.
A: But the season is almost over. Just another three games.

A: 松井が今日またホームランを打ったって聞いた？
B: わあ、すごいね！もう１本打てば、去年の記録を塗り替えるぞ。
A: でも、シーズンはもうすぐ終わりね。あと３試合しかないわ。

Extra Credit

これも覚えよう！

ネイティブスピーカーもミスする

In conversation, I often hear native English speakers make a mistake in how they divide the word "another".

会話では、英語のネイティブスピーカーが、「another」という単語を、間違った形で分解しているのを耳にします。彼らは、ある物事とは非常に異なった、あるいはかけ離れた物事について話したい時などに、「whole」という単語を付け加えることで強調しようとします。ところが、「a whole other」と言う代わりに、「n」をそのまま残して、「a whole nother」と言っているのです。「a "nother"」とは一体何なのか、知りたいものです。

71

私のいとこの一人が会いに来た。

✕ One of my cousin came to visit.

正しい英訳

○ One of my cousins came to visit.

○ One cousin came to visit.

あなたに従兄弟が3人いて、1人だけがたずねて来たと想像してみてください。だったら「cousin」は単数形のはずでは？いいえ！従兄弟は3人いるわけですから複数形でなければなりません。3人の従兄弟のうちの1人がたずねて来たのです。もちろん、単に「one」と名詞を使うのであれば、名詞は単数形になります。

Imagine that you have three cousins, but only one came to visit. So, shouldn't "cousin" be in its singular form? No! There are three cousins, so it must be plural. One of those three cousins came to visit. Of course, if we simply use "one" plus the noun, the noun will be singular.

Extra Credit

これも覚えよう!

「one of」の使い方

Here are some examples:

いくつか例を挙げましょう：

This is one of the best steaks I've ever eaten.
これは、私が今までに食べた最高のステーキの一つだ。

You are one of the smartest people I've ever met.
あなたは、私が今までに出会ったもっとも賢い人の一人よ。

I'd like to ride in one of those self-driving cars.
私は、あの自動運転の車の1台に乗ってみたい。

Could you hand me one of those screwdrivers? Any one of them is fine.
あそこのスクリュードライバーを一つ渡してくれる？どれでもいいよ。

この形では、「one」以外の数字を使っても構いません：

I ate three of those cookies.
あそこにあったクッキーのうち三つを食べた。

I didn't have time to listen to all of your CDs. I just listened to five of them.
君のCDを全部聞く時間はなかったよ。そのうちの5枚だけ聞いた。

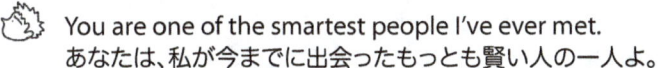

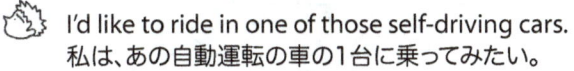

72

文法 S✗O

ALL

彼は**夜中に**私に電話した。

✕ **He called me in the midnight.**

正しい英訳

○ **He called me *in the middle of the night*.**

「midnight」は夜の12時 (真夜中) を指します。でも日本人はただ「夜中」と言いたいときにこれを使います。夜中はもちろん特定な時刻ではありません。その場合には、「in the middle of the night」と言います。もし「真夜中に」と言いたいのなら、「He called me at midnight.」となります。

"Midnight" means twelve o'clock a.m. — 「真夜中」. But Japanese often use it to mean simply 「夜中」, which of course is not a specific time. In that case, we would say "in the middle of the night." If you mean 真夜中, you should say "He called me at midnight."

Dialogue

A: Dad? It's me, Todd.
B: Todd? Where are you? It's the middle of the night!
A: Sorry, the car broke down. I tried to call around midnight, but nobody answered.
B: I guess nobody woke up.
A: Joe and I are at the Shell gas station. Can you come get us?

A: パパ?僕だよ、トッドだよ。
B: トッドか?どこにいるんだ?もう夜中だぞ!
A: ごめん、車が故障しちゃったんだ。0時ごろにも電話したんだけど、誰も出なかったんだよ。
B: 誰も目を覚まさなかったんだな。
A: ジョーと僕はシェルのガソリンスタンドにいるんだ。迎えに来てもらえる?

Extra Credit!

これも覚えよう!

暗くても「朝」

Did you know that any time after 12:00 midnight is "morning"?

夜中の12時を過ぎれば、何時でもmorning(朝)であることはご存知でしたか?そう、午前1時は「one o'clock at night」ではなく、「one o'clock in the morning」なのです。これは、「a.m.」が付いた場合は、午前1時であろうと午前10時であろうと、すべて「朝」になるというロジックです。それでも、私は午前1時に窓の外の暗がりを見ると、やっぱり「真夜中だよ!」と言ってしまいますが。

73

再来週に戻ります。

✕ I'll come back next next week.

正しい英訳

○ I'll come back the week after next.

日本語では、「次の」の後に続くものは「次の次の」と言います。しかし、英語では「next」を続けて繰り返すことはありません。「The week after next week」と言ってもよいですが、２度目の「week」は明らかなので、実際には言うことはありません。

In Japanese, the thing that follows 「次の」 is 「次の次の」. But we don't repeat "next" in English. We could say "the week after next week", but the second "week" is already implied. So we never actually say it.

Dialogue

A: Hello, this is Fred Simms. May I speak to Mr. Ross?

B: I'm sorry, he's traveling right now. He'll be back the week after next.

A: I see. I e-mailed him the day before yesterday and was wondering why he hadn't responded.

A: もしもし、フレッド・シムズです。ロスさんはいらっしゃいますか？

B: すみません、いま彼は出張に出ています。再来週には戻ります。

A: なるほど。一昨日、彼にメールをお送りしましたが、返信がないので不思議に思っていたんです。

Extra Credit!

これも覚えよう！

「次の次」と「前の前」

We also say the month or year "after next".

月や年も、「after next」で表すことができます。日については、「the day after tomorrow」（明日の次の日＝明後日）と言います。再来週より先の週は、数字で表しましょう。「three weeks from now」（３週間後）といった具合です。２週間前なら、「the week before last」（先週の前の週）となります。２日前なら、「the day before yesterday」（昨日の前の日＝一昨日）です。

74

Please finish this by next Friday.

✕ 次の金曜日までに終わらせてください。

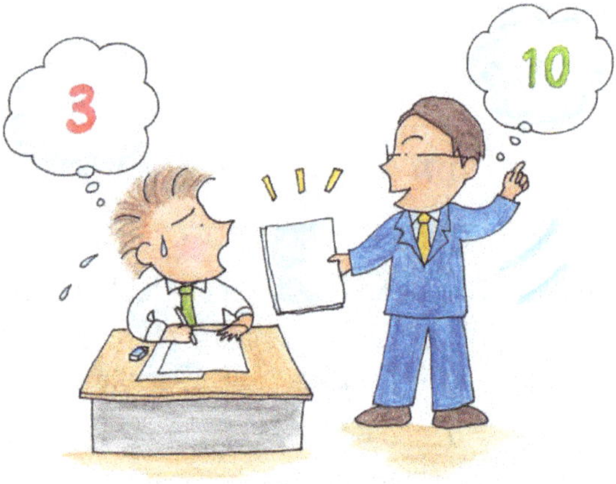

正しい和訳

○ 来週の金曜日までに終わらせてください。

もし今日が火曜日で、あなたが上司から何かを「next Friday」までに終わらせるように言われたとしたら、締め切りまでは3日間ではなく、10日間あるのです！「NextFriday」とは、次の週の金曜日という意味。「This Friday」が今週の金曜日を表すのです。

If it's Tuesday and your boss asks you to finish something by "next Friday", you have 10 days to finish it, not three! "Next Friday" refers to the Friday of next week, compared to "this Friday", the Friday of this week.

Dialogues

A: Please finish this by next Friday.
B: Do you mean this coming Friday?
A: No, no, Friday of next week.
B: Ah, OK, that's good.

A: これ、次の金曜日までに仕上げておいて。
B: 今週の金曜日ということですか？
A: いやいや、来週の金曜日だよ。
B: ああ、わかりました、それなら大丈夫です。

C: What a week! I'm sure glad it's Saturday.
D: Yeah. Say, I've got tickets to the game a week from Tuesday. Would you like to go?
C: That sounds great.

C: ひどい一週間だったわ！今日が土曜日で本当にうれしいわ。
D: 本当だね。ところで、来週の火曜日の試合のチケットがあるんだ。一緒に行かない？
C: それはいいわね。

Extra Credit!

これも覚えよう！

「来週の」？それとも「次の」？

If today is Friday and your boss says "next Tuesday," it means the same as 「次の火曜日」.

もし今日が金曜日で、上司が「next Tuesday」と言ったとしたら、「次の火曜日」と同じ意味になります。混乱を避けるために（特に週末の場合は）、「this coming Tuesday」と言ってもよいでしょう。これなら、必ず、「今週の火曜日」という意味になります。

75

今朝、台風が直撃した。

✕ A typhoon hit in this morning.

正しい英訳

○ A typhoon hit this morning.

ある文において、どの前置詞ーー「in」「on」「of」などーーを使うのが正しいのかと判断するのは困難です。しかし、この例文では、前置詞はまったく必要ないのです！「in」や「on」といった前置詞は、「this」や「last」、「next」といった指示形容詞と一緒に使われることはありません。

It can be difficult to know which preposition -- “in,” “on,” “of,” etc. -- is the right one to use in a particular sentence. However, in this example, you don’t need any preposition at all! The prepositions “in” and “on” are not used together with ordinal adjectives like “this,” “last,” and “next.”

Extra Credit!

これも
覚えよう！

序数形容詞と前置詞

「This」や「last」「next」などの指示形容詞は、「in」や「on」の意味を含むものと考えられています。指示形容詞を使った例文を、いくつか見てみましょう。前置詞がないことに注意してみてください。

I called him last week.
先週、彼に電話した。

He'll come back next year.
彼は来年帰ってくるだろう。

I won't be able to finish it this month.
今月はこれを終えられそうにない。

曜日や月の名前が使われている場合でも、同じことが言えます。

I called him on Tuesday. / I called him last Tuesday.
彼には火曜日に電話した。/ 彼には、先週の火曜日に電話した。

I'll call him again in February. / I'll call him again next February.
2月に、彼にまた電話するよ。/ 来年の2月に、彼にまた電話するよ。

しかし、指示形容詞があっても前置詞が付くこともあります。

I think I can finish it within this month.
今月中には終えられると思う。

I had never met him before last week.
先週まで、彼には会ったことがなかった。

76

文法
SVO

MANY

日本には(これまでに)どのくらい滞在していますか?

✕ How long do you stay in Japan?

How long do you stay in Japan?
PASS

正しい英訳

◯ How long have you been in Japan?

この、ちょっとおかしな英文を耳にしたネイティブスピーカーは、「How long will you stay in Japan?」のように、未来のことをたずねているのだろうを推測するかもしれません。もし、ちょうど入国したばかりの人にたずねるのから、これで正解です。ただ、日本人が(誤って)「How long do you stay?」と言う場合は、たいてい、未来ではなく過去について機構としているようです。

Hearing this rather strange sentence, a native English speaker might assume that future tense is intended: "How long will you stay in Japan?" This would be correct if asked of someone just entering the country. However, a Japanese who says "How long do you stay?" is usually asking about the past, not the future.

Dialogue

A: How long have you been a student here?
B: About two years now.
A: Do you like it?
B: The classes are hard, but I've been enjoying the social life.

A: ここの学生になってどこくらい？
B: 約２年になるね。
A: 気に入っている？
B: 授業は大変だけど、学生生活は楽しいよ。

Extra Credit

これも覚えよう！

「泊まる」？「滞在する」？

In the corrected sentence, "been" is used instead of "stayed."

正しい英語では、「stayed」の代わりに「been」が使われています。「stay」は、短期間だけ滞在している人に対して使うのがより適切です。例えば、「Where are you staying?」（どちらにとまっているのですか？/ホテル、友人の家など）というように。「be」は、相手がその土地に住んでいるか、滞在している場合に使うのが適切です。「lived」も、状況に応じて使うことができます。

77

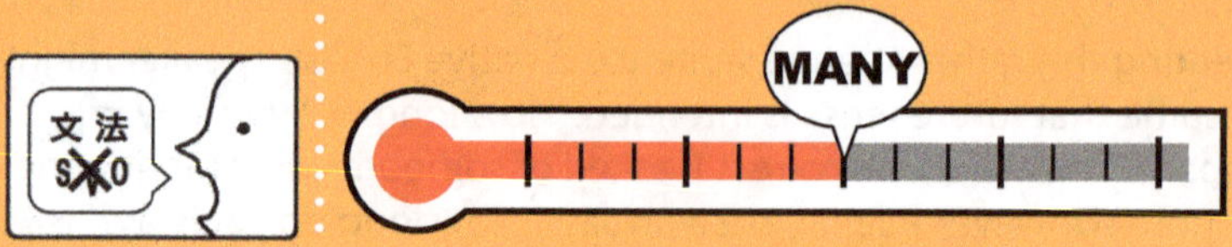

私は2週間の休暇をとります。

✕ I'm going on a two weeks vacation.

正しい英訳

○ I'm going on a two-week vacation.

この文でおかしなところはどこでしょう？１週間以上なのですから、複数形の「weeks」を使いますよね？いいえ、そこが違うのです。こう考えてみましょう：休暇は２週間で、これを説明するための形容詞が作れます。ところが、驚くことに、ハイフンでつながれた形容詞の場合、その中の名前は単数形になるのです！

What could be wrong with this sentence? More than one week, so we use the plural form "weeks", right? Actually, no. Think of it this way: The vacation is two weeks long, and we want an adjective to describe it. An adjective can be formed by placing a hyphen between a number and a noun. But here's the surprise: in a hyphenated adjective, we use the singular form of the noun!

Dialogue

A: We had a three-hour meeting about our project today.
B: Wow, that's long. Three hours of sitting.
A: It almost became a three-hour nap!

A: 今日は、僕たちのプロジェクトについて3時間の会議をしたよ。
B: わあ、それは長いな。3時間も座っているなんて。
A: 3時間の居眠りになちゃいそうだったよ！

Extra Credit!

これも覚えよう！

2週間の休暇

The same idea can also be expressed using the plural possessive form: "I'm taking two weeks' vacation."

「I'm taking two weeks' vacation.」のように、複数形の所有格を使っても同じ内容を表すことができます。ここではアポストロフィーが使われ、ハイフンは使われていません。所有格の場合には、「go on」という動詞を使うのは少し不自然。「to take」の方が、より広く使われます。また、「take」はあなたが仕事を離れることを意味しますが、必ずしも旅行に行くことを表すものではありません。

78

私は以前にも京都に行ったことがあります。

✕ I have ever been to Kyoto.

正しい英訳

○ I have been to Kyoto before.

「Have you ever been to Kyoto?」(京都に行ったことがありますか？)、あるいは「I have never been to Kyoto.」(京都には一度も行ったことがありません。)という言い方は正しいのですが、これまでに何かをしたことがあると肯定したい場合には、「ever」は必要ありません。しかし、あなたが今回初めて訪れたことを強調したい場合には、「This is the first time I've ever been to Kyoto.」のように、everが必要になります。

It would be correct to say "Have you ever been to Kyoto?" or "I have never been to Kyoto," but in a statement affirming that you have done something, "ever" is not needed. However, it is needed when emphasizing that this is your first time: "This is the first time I've ever been to Kyoto."

Dialogue

A: Have you ever been skiing?
B: No, I haven't. Have you?
A: Yes, I've been skiing many times. I'm going again this weekend. Would you like to come along?
B: Well, I don't know. I've never been very interested in skiing. It looks dangerous.
A: That's why I like it!

A: スキーに行ったことはある？
B: いや、ないんだ。君は？
A: ええ、何度も行ったことがあるわ。今週末も行くのよ。一緒に行かない？
B: う～ん、どうしようかな。あんまりスキーに興味を持ったことがないんだよ。危なそうに見えるし。
A: そこが好きなのよ！

Extra Credit!

これも覚えよう！

(これまでに)京都に行ったことがありますか

あなたが京都を旅する計画を練っている途中、あるいは実際に旅している途中でない限りは、必ずしも(左ページの「正しい英語」のように)「before」を付ける必要はありません。「before」と言うことで、あなたが現在よりも以前、すなわち今回の旅よりも前に京都を訪れたことがあるということを示します。

79

納豆を食べるのはこれが初めてです。

✕ This is the first time to eat natto.

正しい英訳

○ This is the first time I've ever eaten natto.

上の間違った英文は、意味がちょっと分かりにくいですね。もしかしたら、人類で初めて納豆を食べたということでしょうか？これでは、納豆を食べるのが誰なのかよく分かりません。ですから、主語を「I」（私）にして、時制も現在形から現在完了形に変えましょう。これなら、あなたが納豆を食べた事のなかった過去について言及し、初めて食べている現在についても言及していることになります。

It's a little hard to understand what this "X" sentence means. Perhaps it's the first time anyone has ever eaten natto? It's not really clear who is eating the natto. So, we change the subject to "I" and also change the tense from present to present perfect. This shows that you are referring to the past, when you never ate natto, as well as the present, when you are eating it for the first time.

Dialogue

A: Have you ever been in Japan before?
B: No. This is my first time.

A: 日本に来たことはありますか？
B: いいえ。今回が初めてです。

Extra Credit!

これも覚えよう！

「初めて」のよくある間違い

"Hajimete" means "the first time", but many Japanese don't use it correctly in an English sentence.

「初めて」は「the first time」ですが、日本人の多くは、英文の中でこれを正しく使えていないようです。最もよくない例は、「I ate natto first.」という文。これは、実は、「（納豆を）先に食べた」という意味で、「初めて食べた」という意味になりません。他にも、「I ate natto at first.」と言う人もいます。これは、「最初は（納豆を）食べた」という意味で、後になって食べるのをやめた事を表します。「I am eating natto for the first time.」と言ったあなたも、心配しないでください。これは正解です。

He left for good.

✕彼は良い所に行った。

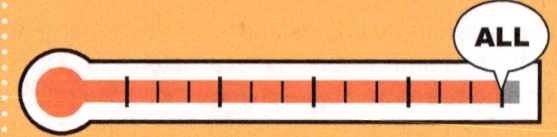

正しい和訳

○彼は行ったまま、二度と戻らなかった。

このフレーズについて私の生徒たちに質問した時、彼らは完全に困惑していました！意味を推測しようと頑張った生徒たちも、やはり、「good」は「よい」という意味だろうと考えました。実は、「for good」という表現は「永遠に」という意味なのです。つまり、「he left for good」なら、彼は二度と戻らなかったということです。

When I asked my students about this phrase, they were extremely puzzled! The students who guessed at the meaning, of course, usually assumed that "good" meant 「良い」. In fact, the expression "for good" means "permanently". Thus, if he left "for good", it means he never came back.

Dialogues

A: Is this glue very strong?
B: Yes! If you stick something with it, it's stuck for good.

A: この糊はとても強力ですか?
B: はい!これで何かを接着すれば、永遠にはがれませんよ。

C: I heard you went to the doctor again.
D: Yes, this skin problem keeps coming back.
C: Well, maybe this time it'll be cured for good.

C: また医者に行ったそうだね。
D: ええ、皮膚の症状がくり返し現れるの。
C: まあ、今度こそ完全に治るんじゃないかな。

Extra Credit!

これも覚えよう!

もう一つの「for good」

"For good" can also mean "to help people"

「for good」には、「人助けのために」という意味もあります。例えば、「Superman used his power for good.」「スーパーマンはその力を人助けのために使いました(悪事のためではなく)」。「スーパーマンは、自分の力を永遠に使った」では変ですから、この文脈においては「for good」が「人助けのために」という意味であることが分かります。同じように、「He left for good」も、「彼は人助けのために去った」という意味にはなりませんよね。

QUIZ Part 4

以下の日本語を英語にしてみましょう！答えは183ページにあります。

1. ディズニーランドに行ったことがあるよ。なかなかよかった。
ヒント ever はいりません。

2. 3日前からここにいました。あと2日間残っています。
ヒント 英語では、「残っている」と「左」が同じ単語。

3. パーティーにいた人のほとんどが、かわいい子だったんだ。天国だったよ。
ヒント almost the people は間違いです。

4. 夜中に、また1つ台風がやってきました。
ヒント the はいりません。

5. 再来週から、3週間の料理教室（料理講座）が始まる。
ヒント 複数形にはなりません。

QUIZの答え

Part 1 (Page 48)

1. 納豆は体にいいけど、僕は食べられない。

Natto is good for you, but I don't like it.

食べるのは可能だけれど、好きではないということ。

2. もしもし、佐藤です。鈴木さんはいらっしゃいますか。

Hello? This is Sato. Is Mr. Suzuki there, please?

「鈴木さん」は不可算名詞ではないから、「鈴木さんはありますか？」と言ってはダメ。

3.「誰ですか」と聞いたら、すぐに電話を切られてしまった。

When I asked, "Who is this?" he quickly hung up the phone.

電話を「切った」と言っても、はさみは使ってないよ！

4. 母が私に服を買ってくれたけど、選んだのは私。

Mom bought clothes for me, but I chose them myself.

お母さんはあなたの服を買ったわけじゃない。買うまでは、あなたの服じゃなかったのだから。

5. 彼は頭はいいけど、服のセンスがわるい。

He's bright, but he has no fashion sense.

ファッションのセンスはなくても、常識はあるかもしれません。(それに、「bright」は英語で「賢い」という意味だってことは忘れないでね！)

Part 2 (Page 92)

1. 内閣のメンバーは、ほとんどが国会議員です。

Most Cabinet members are members of the Diet.

国会は「Diet」と呼ばれます。議員が太っていたとしてもね！

2. 雷が鳴る度に、犬が吠える。

Every time there's a clap of thunder, the dog barks.

犬は「bow wow」と吠えることはあっても、「おじぎ」はしません！

3. その薬を飲んだ後、空を飛んでいる感じがした。
After I took that medicine, I felt like I was flying.
「薬を飲む」は、たとえ液体であっても「drink」とは言いません。

4. 先週、うちのスタッフの一人が死んでしまったよ。
One member of our staff died last week.
もし「a staff」が死んだとしたら、状況はさらにひどくなる！「スタッフ全員」が死んだということ！？（そして、「dead」は動詞ではないことも覚えておこう）

5. 毎日残業で、みんなが文句を言っている。
We have to work overtime every day, so everyone's complaining.
overtime = 残業、overwork = 過労。

Part 3 (Page 140)

1. 会社の友達と一緒に海外に行った。
I went overseas with friends from my company.
「会社くんの友達」が会社のために働くわけじゃない！

2. 図書館まで歩いて行って、本を借りました。
I walked to the library and borrowed a book.
本を借りたのがあなた。本を貸したのが図書館。

3. 一緒にロサンジェルスに行きましょう。
Let's go to Los Angeles together.
「一緒に」= togetherであって、「with me」ではありません。「Los Angeles」の綴りは正しく書けたかな？

4. 港区に住んでも八王子市に住んでも、私たちは同じ都民です。
Whether you live in Minato Ward or Hachioji City, we're all Tokyoites.
「all the same Tokyoites」ではありません。

5. 彼はすごく意地悪だから、私は怖い。
I'm scared of him because he's so mean.
彼が怖いので、私が怖がっているということ。

Part 4 (Page 180)

1. ディズニーランドに行ったことがあるよ。なかなかよかった。
I have been to Disneyland. It was pretty good.
肯定文では、「ever」は必要ありません。疑問文の場合はもちろん、「Have you ever been...」と言って大丈夫。

2. 3日前からここにいました。あと2日間残っています。
I've been here for three days. There are two days left.
「left」は「残っている」という意味。

3. パーティーにいた人のほとんどが、かわいい子だったんだ。天国だったよ。
Most of the people at the party were cute girls. It was heaven.
「Almost all the people」でも正解です。

4. 夜中に、また1つ台風がやってきました。
Another typhoon came in the middle of the night.
「another」の前に「the」は付きません。「midnight」は午前0時を指し、「夜中」は「the middle of the night」であることも覚えておきましょう。

5. 再来週から、3週間の料理教室(料理講座)が始まる。
The week after next, a three-week cooking course will begin.
「A three-week course」が正解。「A three-weeks course」ではありません。

www.ingramcontent.com/pod-product-compliance
Lightning Source LLC
Chambersburg PA
CBHW061751120626
46550CB00005B/1959
* 9 7 8 4 9 9 0 8 4 0 5 0 1 *

Tim Young・英会話講師

米国アイオワ州出身。イリノイ州ロックアイランドのオーガスタナ大学英語学科にて英文学の中心に学び、学士号取得。1987年に卒業。高校時代、大阪に住むペンフレンドとの文通をきっかけに、日本への興味を深める。1989年より日本存在。
その後、英語講師として英語教育に携わる。現在は、成人向け英語の個人指導およびALT (外国語補助教員) として高校に勤務。2003年春より、Mainichi Weekly にてコラム「MACHIGAI!」の連載をスタート。2006年9月から「MACHIGAIポッドキャスト」を毎週火曜日に配信している。

http://machigai.com

富永好子・イラストレーター

杉並区高円寺にてGallery たまごの工房という小さい画廊を開いています。阿佐ヶ谷美術専門学校の卒業です。

http://tamagonokobo.com/

その英語、通じません！ 2015年第2版発行
ISBN 978-4-9908405-0-1
eISBN 978-4-9908405-1-8

入力：Tim Young, 外垣佳子　Cover idea: 花崎ななみ
翻訳：石本絢子、田中亜由美　印刷：IngramSpark
DTP: Tim Young